Jesus 2.0

Jesus 2.0

Roman

Thorsten Peter

Impressum:

Thorsten Peter – Jesus 2.0 (2014)

2. Auflage

www.thorsten-peter.de

© Thorsten Peter, 2014

Herstellung und Verlag:

Books on Demand GmbH, Norderstedt

ISBN: 9783738601978

Urheberrechtshinweis:

Alle Rechte vorbehalten. Kein Teil des Werkes darf in irgendeiner Form (durch Fotografie, Mikrofilm oder ein anderes Verfahren) ohne schriftliche Genehmigung des Autors reproduziert oder unter Verwendung elektronischer Systeme verarbeitet, vervielfältigt oder verbreitet werden.

Für Christina

Kapitel 1

»Verdammt ist das eng hier!«, dachte sich Levi etwa fünf Minuten, bevor die Wehen einsetzten. Was danach kam, relativierte den Gedanken bezüglich seiner Platznot komplett. Es wurde nicht nur eng im Sinne von „die Beine nicht mehr ausstrecken können", sondern richtig eng. Er hatte das Gefühl, wie ein Weihnachtsbaum durch den Trichter ins Netz geschoben zu werden. Soweit er sich erinnern konnte, war er aber bisher nur in dieser Fruchtblase gewesen und konnte eigentlich unmöglich wissen, was ein Weihnachtsbaum war. Genauso wenig, wie er wissen konnte, dass er in einer Fruchtblase war. Doch bevor Levi die Unmöglichkeit seines Denkens irgendwo einordnen konnte, steckte er mitten im Geburtskanal seiner Mutter fest und konnte sich überhaupt nicht mehr konzentrieren. Am anderen Ende des Kanals hörte er mehrere Stimmen, von denen eine irgendwas von pressen faselte und kurz darauf fing seine Mutter an, furchtbar zu schreien. Sein ganzer Körper wurde zusammengequetscht, der Kopf wurde so stark deformiert, dass sich der Gedanke an einen plastischen Chirurgen schon im Geburtskanal manifestierte und sehen konnte er überhaupt nichts mehr. Irgendwie sind Geburten, bis auf einige Ausnahmen, ja ziemlich ähnlich. Aber jedes normale Kind vergaß diesen Vorgang auch sofort wieder und machte sich nicht in der Plastikwanne des Babyzimmers Gedanken darüber, ob das wirklich so sein musste. Dass der Kaiserschnitt bereits erfunden war, wusste Levi zu diesem Zeitpunkt noch nicht.

Scheinbar war er aber der einzige, der sich hier über irgendwas Gedanken machte. Es war ihm zwar noch nicht möglich, seine Gedanken zu kommunizieren, da seine Zunge und der Mund den Befehlen aus seinem Gehirn einfach nicht folgen wollten, doch er versuchte es nach einiger Zeit mit Armbewegungen. Zu seinem Entsetzen musste er feststellen, dass auch die Arme nicht machten, was sein Kopf wollte. Es war einfach zum Kotzen. Trotz der offensichtlichen geistigen Überlegenheit konnte er seine Vorteile nicht einmal ansatzweise ausspielen. So blieb ihm nichts anderes übrig, als genauso zu schreien, wenn er Hunger hatte, wie die Babys neben ihm. Die Nahrungsaufnahme funktionierte leider auch nicht reibungslos. Was so einfach ausgesehen hatte, entwickelte sich anfangs als ziemlich gefährliches Unterfangen.

»Komm zu Mami«, sagte Levis Mutter immer wieder. »Komm zu Mami.«

Scheinbar wusste auch sie nicht, dass er sich noch nicht vernünftig bewegen konnte. Levi war etwas erschrocken, über die Dimension der Nahrungsbehälter und kniff instinktiv die Augen zusammen, als er auf Mamis Schoß liegend von unten dabei zusah, wie sie das Ding, das wohl Still-BH hieß, öffnete. Sie hatte nach dem Milcheinschuss noch nicht wirklich ein Gefühl dafür und ihre Brust klatschte mit voller Wucht in Levis Gesicht. Er war blind. Zumindest dachte Levi das für einen Moment. Alles war schwarz und Luft bekam er auch keine mehr. Er wollte sich zur Seite drehen, konnte sich aber keinen Millimeter bewegen.

»Oh«, sagte Mami und kicherte ein wenig, da Levis Gesicht vollkommen unter ihrer Milchbar verschwunden war. Wäre er bereits erwachsen gewesen, hätte er an dieser Situation gefallen finden können. Glaubte er jedenfalls, ohne zu wissen, was an dieser sinnlosen Information in seinem Gedächtnis hilfreich sein sollte. Aber so bedrohten diese Dinger schlicht und ergreifend sein Leben. Zu allem Überfluss packte die Krankenschwester auch noch Levis Kopf und presste ihn fest gegen Mamis Brustwarzen. Deutlich zu fest, wie Levi meinte. Er konnte schon wieder fast nichts mehr sehen. Mami wurde aber erklärt, das müsse so sein, damit der Kleine vernünftig trinken könnte. Levi fragte sich, woher die Frau das wissen wollte. Sie hätte ja mal mit ihm tauschen können! Aber nur danebenstehen und gute Ratschläge verteilen war definitiv einfacher, als mit Nahrungsbehältern umzugehen, die größer als der eigene Kopf waren. Noch dazu, wenn man seine Arme nicht so bewegen konnte, wie man wollte.

„Die kann das doch gar nicht wissen. Die gehörte bestimmt auch zu der Fraktion von Schreihälsen aus dem Babyzimmer, die zu keiner Reflexion fähig waren", dachte Levi und hätte es ihr eigentlich viel lieber direkt ins Gesicht gesagt. Aber das ging ja noch nicht. Er schwor sich, das früher oder später nachzuholen.

Levi empfand seine Fähigkeit zu denken innerhalb von wenigen

Tagen eher als lästig denn als hilfreich. Schließlich brachte es ja auch nichts, wenn man einen Ferrari in der Garage hatte und keinen Führerschein dazu. Oder doch? Man könnte schwarzfahren. Schwarz reden ging aber nicht.

„Woher weiß ich das alles", fragte sich Levi und beschloss, das Denken fürs Erste einzustellen. Es brachte ja nix. Er konnte denken, was er wollte, seine Mami presste ihn trotzdem viel zu fest an ihre Brust. Er konnte noch nicht mal reinbeißen, um sich zu wehren, weil die verdammten Zähne erst in ein paar Monaten zu erwarten waren. In diesem Stadium seines Lebens war die einzige Waffe die er nutzen konnte in seinem Darm versteckt. Immer wenn er sich besonders angestrengt hatte, sein sogenanntes Kindspech in die Windeln zu kacken, wichen die Gesichter über ihm wenigstens ein bisschen zurück und sagten nicht die ganze Zeit „du, du, du", oder einen ähnlichen Mist.

Das mit dem Nicht-Denken funktionierte übrigens überhaupt nicht. Es warfen sich ständig neue Fragen auf, und gelegentlich ergab sich sogar noch im Krankenhaus die Möglichkeit, etwas mit seiner Gabe anzufangen. Auch wenn er noch nicht genau wusste, warum er eine solche Gabe hatte und vor allem, warum gerade er diese hatte. Eigentlich war es ihm aber auch egal. Levi war zwar von Anfang an davon überzeugt, der einzige in seiner Größe zu sein, der einen klaren Gedanken fassen konnte, aber dass er ein ganz besonderes Talent besaß, fiel ihm erst ein paar Tage später auf. Es machte ihm aber auch ein wenig Angst, einfach alles zu können, was er wollte. Nein, das stimmte so nicht ganz. Er konnte Sachen, die ihm persönlich nichts brachten. Dafür konnte er die wichtigen Dinge nicht. Er wusste nur, dass er eines Tages allerhand Dinge können würde. Irgendwann. Er sah sich um, aber es war immer noch keiner da, der ihm die Sache erklären konnte.

Levi lag mal wieder in seiner Babywanne aus Plastik mit einer mäßig bequemen Minimatratze und langweilte sich. Sein größter Wunsch war immer noch, das Denken abstellen zu können. Da dies immer noch nicht funktionierte, hörte er Mami zu, wie sie mit einer Freundin sprach, die zu Besuch gekommen war und eine Flasche furchtbar gesunden Saft dabei hatte.

»Ich bin echt froh, wenn ich irgendwann mal wieder ein Glas Sekt oder Wein trinken kann«, klagte Mami.

»Das kann ich mir vorstellen. Aber vielleicht tut es ja auch ein alkoholfreier Cocktail zwischendurch.«

»Ja, aber das ist doch nicht dasselbe. Ohne Alkohol gibt's eben keinen Schwips.«

»Stimmt. So ein kleines bisschen Karussell fahren, macht gelegentlich schon Spaß.«

Die beiden kicherten wie kleine Mädchen. Levi sah, dass seine Mutter schon beim Gedanken an Alkohol richtig Spaß hatte. Wenn sie Spaß hatte, hatte er sicher auch Spaß. Levi sollte aber schon bald feststellen, dass es mit den Schlussfolgerungen nicht immer ganz so einfach war. Als Mami ihn das nächste Mal zu sich holte, lag die gesunde Saftflasche neben ihr im Bett. Levis Arm hing herunter und berührte die Flasche. Er hatte plötzlich das Gefühl, die Flüssigkeit spüren und verändern zu können. Warum auch immer. Darüber wollte Levi jetzt nicht auch noch nachdenken müssen. Es war so schon alles verwirrend genug. Stattdessen konzentrierte er sich auf Alkohol. Das machte er ungefähr eine Minute lang. Danach hörte er auf, dachte an das Kichern von Mami und konzentrierte sich eine weitere Minute darauf. Alkohol.

Die darauffolgenden Ereignisse und Reaktionen auf Alkohol veranlassten Levi dazu, in Zukunft nicht mehr so oft helfen zu wollen, wenn irgendjemand gerne etwas hätte. Mami schnappte sich irgendwann die Flasche und leerte sie in einem Zug. Als sie absetzte, verzog sie ein wenig das Gesicht, nickte dann aber wohlwollend. Levi war zufrieden und wartete nun auf das Kichern. Nach einer Weile schaute Mami ihn mit einem völlig veränderten Gesichtsausdruck an. Er wusste zuerst nicht, was er davon halten sollte. Als sie dann aber breit grinste, war Levi mit seiner Arbeit zufrieden. Kurz darauf fing sie dann an, wieder mit ihm zu reden. Allerdings war es nicht wie die letzten Male. Levi konnte Mami zuerst schlechter, und irgendwann dann überhaupt nicht mehr verstehen. Plötzlich kam die Hoffnung in ihm auf, dass jetzt wenigstens die Sache mit dem Denken aufhören würde. Doch egal wie schlecht er Mami verstand, seine Gedanken liefen auf Hochtouren. Zumindest solange, bis er das nächste Mal an Mamis Brust gepresst wurde. Wenigstens das wurde langsam besser. Scheinbar half es, wenn er saugte wie ein Idiot, den Griff etwas zu lockern. Mami hatte ihn vorher wohl schlichtweg als unfähig eingestuft, was das Trinken anging. Daher zog er auch dieses Mal wieder so fest er konnte. Durch die Anstrengung pumpte sein

Herz wie ein Hydraulikzylinder und die Gefäße öffneten sich, soweit sie konnten. Levi wusste zwar schon extrem viel für seine wenigen Lebenstage, aber die Information, dass Alkohol durch die Muttermilch an ihn weitergegeben werden könnte, hatte er noch nicht parat. Genauso wenig, wie die Information, was Alkohol überhaupt war. Jedenfalls ging dann alles extrem schnell. Levi war innerhalb weniger Minuten komplett besoffen. Er hatte unfreiwillig das erste Achterbahnticket seines Lebens gezogen und fragte sich noch einen Moment lang, ob das nun vielleicht schon wieder das Ende sein sollte. Dann fragte er sich eine Weile gar nichts mehr. Er war sich aber ziemlich sicher, dass sich die Wände in diesem Zimmer noch nie bewegt hatten. Auch Mami war in der Regel im Gesicht nicht so unförmig.

Levi musste plötzlich rülpsen, dass es ihm schon fast selbst peinlich war. Es war in seinen Augen bei weitem nicht mehr das, was alle so hoch erfreut ein Bäuerchen nannten. Eine Sekunde später waren diese Gedanken verflogen. Er konnte sich an immer weniger erinnern. Alles war so verschwommen. Seiner Mutter ging es ähnlich. Die freute sich allerdings immer noch an dem Bäuerchen ihres Sohnes und grinste wie ein Honigkuchenpferd. Das machte sie genau so lange, bis Levi zum nächsten Bäuerchen ansetzte und dabei kotzte wie ein Reiher. Im selben Moment kam die Schwester rein, sah das Elend in vollem Umfang und ärgerte sich lautstark darüber, die ganze Sauerei wieder wegputzen zu müssen. Levi hing ziemlich schlapp über der Schulter seiner Mutter und konnte in seinem vernebelten Zustand gerade noch seine Hand beobachten, die sich zum ersten Stinkfinger seines Lebens formte. Der galt natürlich der mies gelaunten Krankenschwester, die eigentlich wissen sollte, dass so etwas nicht absichtlich passierte. Levi schlief dann ziemlich schnell ein und erwachte ein paar Stunden später mit dem ersten Kater seines Lebens. Sein Kopf schien kurz vor dem Platzen zu sein und sein Magen fühlte sich auch ziemlich merkwürdig an. Zum ersten Mal schrie er nicht, weil er Hunger hatte. Aber woher sollte Mami das wissen? Sie hatte ja selbst mit den Nachwirkungen von Levis Alkoholzauber zu kämpfen und fragte sich, warum sie von gesundem Saft einen Rausch bekommen hatte. Das war aber auch die einzige Frage, die sie sich stellte, und presste Levi wie gewohnt an ihre Brust, wenn er schrie. Im ersten Moment setzte bei Levi auch der Saugreflex ein. Das musste als Baby wohl so sein, ging jedoch nicht lange gut. Nachdem er ein paar Mal kräftig geschluckt hatte, setzte ein Würgereflex ein. Levi kannte das nicht. Alle waren immer froh, dass er wohl kein Spuckkind werden würde. Was auch immer das sein mochte. Und an das Kotzen von vorhin konnte er sich überhaupt nicht mehr erinnern. Seine Mutter übrigens auch nicht. Levi presste die Muttermilch zwischen Mund

und Mamis Brustwarze wieder ins Freie. Es war erstaunlich, was für ein Druck bei dieser Aktion entstand. Es spritzte doch tatsächlich bis in Mamis Gesicht, aufs Bett und auch das Handy auf dem Beistelltischchen kam nicht ganz unbeschadet davon.

»Levi«, sagte Mami überrascht. »Was machst du denn für eine Sauerei?«

„Wieso fragst du mich das", dachte Levi. „Ich bin ein Baby, ich kann dir keine Antwort geben." Er machte sich ein wenig Sorgen, ob seine Mutter dieser Aufgabe auch wirklich gewachsen war, wenn sie jetzt schon anfing, ihn zu fragen.

Das war jedenfalls der Punkt, an dem Levi beschloss, seine Gabe erst einmal für sich zu behalten. Mit ein paar wenigen Ausnahmen, von denen Levi aber nur im Geheimen und in absoluten Notsituationen Gebrauch machte.

Kapitel 2

Eine solche Notsituation gab es an Levis erstem Tag im Kindergarten. Manche Umstände verlangten einfach nach drastischen Maßnahmen und so war es auch an diesem Tag. Die Erinnerung an den Fehlschlag mit Mamas Alkoholzauber hatte Levi zwar bis dahin nicht vergessen, aber was zu viel war, war zu viel.

Torben aus der Igelgruppe hatte gemeint, ihm gleich von Anfang an zeigen zu müssen, wer der Chef im Ring war. Torben war so ein typisches Arschlochkind, das nur Freunde hatte, weil diese sich vor ihm fürchteten. Sie hatten Angst unter ihm zu leiden, wenn sie nicht nach seiner Pfeife tanzten und so taten, als fänden sie ihn ganz toll. Das würde mit Sicherheit nicht ewig gut gehen, aber im Moment war es eben so. Torben nahm Levi einfach sein Spielzeug weg und lachte ihn aus, als er sich darüber beschwerte.

Torbens Freunde standen neben ihm und grinsten gehässig, obwohl ihnen mit Sicherheit schon das gleiche Schicksal widerfahren ist. Genüsslich packte Torben dabei sein Pausenbrot aus und riss seinen hässlichen Mund auf. Torben war generell ziemlich hässlich, was vielleicht sein idiotisches Verhalten wenigstens zum Teil rechtfertigte. Trotzdem wollte Levi die Sache nicht einfach so auf sich sitzen lassen und dachte ganz doll an Hundescheiße. So richtig übel stinkende Hundescheiße. Das war jedenfalls das letzte Mal, dass Torben unkontrolliert in ein Pausenbrot biss. Er kotzte so sehr, dass Levi fast Angst bekam, er würde seinen kompletten Magen dem Inhalt hinterherspeien. Glücklicherweise blieb der Magen aber drin und Torben erlitt außer einem kleinen psychischen Knacks keine bleibenden Schäden. Immerhin war er lernfähig und Levi hatte keine Probleme mehr mit ihm.

Die wenigen Male, die er seine Gabe noch einsetzte, waren eigentlich nicht der Rede wert. Nur später in der Grundschule blieb einem älteren Mitschüler, der bestimmt irgendwie mit Torben verwandt war, ein Tag seines Lebens noch lange in Erinnerung. Levi hatte in der dritten Klasse so etwas wie eine beste Freundin. Sina wohnte ganz in seiner Nähe und sie liefen jeden Tag den Weg zur Schule gemeinsam. Auch so verbrachten sie relativ viel Zeit miteinander. Levi musste sich zwar immer wieder mal von seinen Kumpels deshalb etwas anhören, aber das störte ihn nicht weiter. Es war ein wunderschöner Donnerstag im Mai, als Levi wie immer mit Sina nach Hause lief. Plötzlich tauchte Konrad mit zwei Freunden neben ihnen auf. Konrad war schon in der vierten Klasse und unheimlich fett. Entweder lag es an seinem Namen, seinem Gewicht oder vielleicht an der komplett fehlenden Intelligenz, dass Konrad so ein Depp war. Generell war Levi das auch egal. Zumindest solange er ihn in Ruhe ließ. Seine beiden Freunde standen ihm in nichts nach und so baute sich eine Dreierkette abgrundtiefer Dummheit vor Levi und seiner Freundin auf.

»Wo wollt ihr hin?«, fragte Konrad und Levi verstand nicht recht, worauf er hinauswollte. Die Schule war vorbei und in der Regel ging man als Grundschüler danach nach Hause. Außer Konrad vielleicht. Der ließ sich vielleicht vorher noch von irgendwem auf den Kopf hauen, um auch wirklich dumm zu bleiben.

»Nach Hause natürlich«, antwortete Sina, während Levi immer noch versuchte, Konrads Gedankengänge nachzuvollziehen. Womöglich gab es da aber überhaupt keine.

»Gebt mir euer Geld«, befahl Konrad, verschränkte die Arme und versuchte dabei ein furchtbar ernstes und Furcht einflößendes Gesicht zu machen. Das klappte aber nicht, denn er musste von oben auf die beiden herabschauen und dabei presste sich sein kaum vorhandener Hals zwischen Brust und Kinn. Es sah aus, als würde Konrad ein Ring Fleischwurst unter dem Kinn wachsen. Wenn die Lage nicht so ernst gewesen wäre, hätte Levi sicher lachen können.

»Wir haben kein Geld«, antworteten Levi und Sina fast synchron.

»Dann behalten wir deine Brille als Pfand und ihr bringt morgen Geld mit«, meinte daraufhin Konrad und zog Sina grob die Brille von der Nase.

»Gib mir meine Brille zurück«, schrie Sina und Konrad hob sie einfach so hoch in die Luft, dass Sina nicht einmal springend danach greifen konnte. Er war fett, dumm und groß.

»Du kannst sie Morgen wieder haben, wenn du Geld dabei hast.«

»Gib sie ihr zurück«, meldete sich Levi nun energisch zu Wort. »Wenn nicht, dann wird es dir leidtun.«

»Ach ja?«, lachte Konrad. »Und was willst du tun, wenn ich es nicht mache.«

»Das wirst du schon sehen.«

»Oh, jetzt hab ich aber Angst.« Konrad drehte sich zu seinen Freunden und grinste über seine dicken Backen. »Was meint ihr? Sollen wir aufgeben?«

»KONRAD!«, schrie Levi plötzlich völlig unerwartet und der dicke Junge aus der vierten Klasse zuckte sogar ein wenig zusammen. Levi sagte nichts weiter, sondern sah ihm einfach ganz tief in die Augen und konzentrierte sich so fest er konnte. Im ersten Moment wollte Konrad noch auf Levi losgehen, weil er die Frechheit besessen hatte, ihn anzuschreien. Doch schon eine Sekunde später merkte er, wie er seine

Beine nicht mehr bewegen konnte. Sie wurden immer weicher und seine Knie fühlten sich an wie Pudding. Levi ging noch einen Schritt auf Konrad zu und Sina sah zu ihrem erstaunen, dass ihr Peiniger einknickte. Schmerzhaft viel er auf die Knie und war völlig unfähig, etwas dagegen zu tun.

Levi nahm die Brille an sich, reichte sie an Sina weiter und drehte sich noch einmal zu Konrad hin. Der hatte mittlerweile einen Gesichtsausdruck, als hätte er ein Gespenst gesehen.

»Mach so etwas nie wieder«, zischte Levi und stieß Konrad einfach mit dem Zeigefinger nach hinten um. Bei jedem anderen hätte er sich vielleicht Sorgen um dessen Kopf gemacht, aber da bei Konrad höchstens ein weiches Milchbrötchen als Platzhalter darin versteckt war, konnte ja sowieso nichts passieren.

»Lass uns gehen«, sagte Levi zu Sina und nahm sie an der Hand. Konrads Freunde standen mit offenen Mündern unbeholfen in der Landschaft herum und verschandelten eigentlich nur das Bild.

»Du bist mein Held«, säuselte Sina und drückte Levi einen dicken Kuss auf die Backe. Er lief knallrot an und beschloss gleichzeitig diese Seite seines Gesichts nie mehr zu waschen. Zumindest so lange nicht, bis sie anfing zu stinken. Vielleicht würde Sina ihn dann ja wieder küssen.

Kapitel 3

Im großen Konferenzraum des Himmelmanagements war ordentlich Theater, als der Fauxpas bekannt wurde.

»Seid ihr denn komplett bescheuert?«, schrie der leitende Engel in die Richtung der Arbeitsgruppe „unbefleckte Empfängnis". Die Teammitglieder ließen die Köpfe und Flügel hängen. Denn eigentlich war die Aufgabe ja einfach gewesen. Gottes Samen sollte die Zielperson zu einem exakt berechneten Zeitpunkt erreichen. Alles war perfekt vorbereitet. Sie hatten sich für eine sehr christliche aber auch moderne Frau entschieden, von der sie überzeugt waren, sie würde den Messias im Sinne der Bibel erziehen und ihn so gut wie möglich auf seine Aufgabe vorbereiten. Da der Fortschritt auch vor dem Himmel nicht haltgemacht hatte und auch hier mittlerweile eine Ethikkommission ihr Unwesen trieb, war es nicht mehr möglich den Mann einfach impotent werden zu lassen, um auch ja auf Nummer sicher zu gehen. Maximal drei Tage wurden von der Kommission gebilligt. Das wäre auch ausreichend gewesen, wenn die Arbeitsgruppe „unbefleckte Empfängnis" nicht am Tag vor der geplanten Befruchtung, ihre Abteilungsfeier gehabt hätte. So kam dann eins zum andern und der

Samen Gottes erreichte die falsche Frau. Wie das genau passieren konnte, wusste allerdings niemand mehr. Die ursprüngliche Zielperson hatte in der geplanten Woche jedenfalls mehrfach exorbitanten Sex und wurde schwanger, und das auch noch von ihrem eigenen Mann. Bis zum ersten Schwangerschaftstest hatte die Arbeitsgruppe noch ein Auge auf die Zielperson. Als dieser allerdings positiv ausgefallen war, lehnten sich die Engel zurück, spielten Karten und klopften sich gelegentlich gegenseitig auf die Schulter, um ihre Aktion auch gebührend zu loben. Erst als die Geburt des Heilands bevorstand und sich die gesamte Himmelsprominenz im Konferenzraum versammelt hatte, wurde auch die Arbeitsgruppe wieder etwas nervös. Allerdings nicht, weil deren Mitglieder ernsthaft in Erwägung zogen, es hätte etwas schief gehen können. Sondern eher, weil sie auf die Sonderprovision für eine geglückte Mission gespannt waren. Als dann jedoch ein Mädchen zur Welt kam, war die Provision kein Thema mehr.

»Ihr Idioten schafft es nicht einmal, die richtige Frau zu befruchten«, schrie ihr Chef weiter und hatte dabei eine ziemlich feuchte Aussprache. »Habt ihr eine Vorstellung, was das jetzt bedeutet?«

»Wir müssen ein anderes Kind beobachten?«, fragte Erzengel Bastian, der für viele völlig unverständlich die Teamleitung übertragen bekommen hatte. Er verfügte zwar über genügend Vitamin B, war aber auch so daneben in der Birne, dass viele schon von Anfang an auf ein Desaster gewartet haben. Die saßen ebenfalls im großen Konferenzraum und hatten ein honigkuchenartiges Grinsen im Gesicht, das zum Ernst der Lage überhaupt nicht passte. Bastian hatte sich auch nicht davon abbringen lassen, die Befruchtungsaktion selbst durchführen zu wollen, obwohl er das Ende der Abteilungsfeier nur noch über einer Wolke hängend miterlebt hatte. Es war übrigens beachtlich, wie so ein Engel kotzen konnte.

»Und du weißt natürlich sofort, welche Frau du versehentlich erwischt hast?«

»Äh«, setzte Bastian an, legte die Stirn in Falten und tat so, als würde er angestrengt nachdenken. Leider brachte das nichts, da er sich zur Feier des Tages, sofort nach der Empfängnis, ordentlich einen hinter die Binde gekippt hatte und sich an so gut wie gar nichts erinnern konnte. »Nein.«

Bastian ließ den Kopf, die Schultern und die Flügel noch weiter hängen und realisierte langsam, dass er so einfach aus der Sache nicht mehr herauskommen würde. Da konnte nicht einmal Vitamin Doppel-B helfen.

»Bastian, du wirst mit deinem Team ab sofort alle Neugeborenen, die an diesem Tag auf die Welt gekommen sind, beobachten und ich rate dir, dich anzustrengen. Versau die Sache nicht. Es ist deine einzige Chance die Sache wieder auszubügeln. Und wenn es sein muss, arbeitet ihr rund um die Uhr. Ich will so schnell wie möglich ein Ergebnis haben.«

»Alles klar, Chef«, antwortete Bastian und war nur mäßig erfreut über die Möglichkeit, den Schaden wieder auszubügeln. Besser wäre gewesen, er hätte in Frührente gehen können, um hauptberuflich Kartenspieler zu werden. »So viele können das ja nicht sein.«

»Ungefähr zweihunderttausend.«

Bastian schaute erschrocken über diese Zahl zu seinem Chef und stellte die Frührente noch ein wenig weiter zurück. Er hatte keine Ahnung, wie er so viele Kinder überprüfen sollte. Vor allem war ihm schleierhaft, wie er den Heiland überhaupt erkennen sollte. Das ursprüngliche Zeitfenster, das für das Auffinden des richtigen Kindes angesetzt worden war, belief sich auf ein paar Tage bis maximal zwei Wochen. Aufgrund mangelnder Alternativen wurde die Terminierung neu festgelegt, immer wieder verlängert und Bastians Team mit zusätzlichen Mitarbeitern verstärkt. Nach einiger Zeit waren die Verantwortlichen überzeugt, den richtigen gefunden zu haben und warteten darauf, einen Beweis für ihre Vermutung zu bekommen. Die Rahmenbedingungen passten, doch die endgültige Bestätigung ließ auf sich warten. Bastian argumentierte, dass Jesus als Kind auch nicht ständig mit seinem Können geglänzt hätte, und überredete das Management, noch etwas abzuwarten. Aber es passierte rein gar nichts, was auf einen Messias hindeuten könnte.

Es dauerte noch Jahre, bis er fündig wurde. Besser gesagt, bis ein Mitarbeiter seines Teams fündig wurde. Bastian hatte doch eher sein zweites Standbein als Kartenspieler gefestigt, als aktiv an der Suche mitzuarbeiten. Schließlich hatte er ja seine Leute und der ein oder andere erwartete sich durch ihn ein wohlwollendes Wort beim obersten Chef. Und außerdem war er immer noch überzeugt, den Richtigen schon gefunden zu haben. Es dauerte eben, bis er sich zu erkennen gab, sagte er sich und den anderen immer wieder.

»Levi heißt der Junge«, sagte Engel Fitus, der direkt nach seiner Ausbildung erst vor Kurzem ins Team gekommen war. Im Gegensatz zu Bastian war er hoch motiviert und sorgte nach ungefähr vierzehn Jahren für den Durchbruch. Bastian hatte versagt. Doch so leicht wollte er sich nicht unterkriegen lassen. Sein Stand im Management wurde durch die Sache immer schwieriger, und da eine Kur wohl nicht genehmigt werden würde, beschloss er die Flucht nach vorne.

Bastian witterte seine Chance, endlich etwas anderes zu sehen und entschied sich kurzerhand, den geplanten Einsatz auf der Erde selbst durchzuführen. Zum einen wäre er letztlich für eine Weile von dem ganzen Bürokratenapparat verschont und außerdem hatte er erst vor ein paar Tagen eine ziemlich reizvolle

Geschichte gehört. Ein Pokerkumpel von ihm war vor einiger Zeit wegen einer anderen Sache auf der Erde gewesen. Als seine Mission erfüllt war, hatte er sich noch in ein paar Bars herumgetrieben und davon geschwärmt, dass dort das reinste Zockerparadies wäre. Und auch sonst hätte er jede Menge Spaß gehabt, wollte aber nicht näher darauf eingehen, weil er befürchtete, abgehört zu werden. Für Bastian klang das trotzdem schon reizvoll genug, um sich freiwillig zu melden. Hauptsache weg vom Krisenherd.

»Du weißt aber schon, was alles vom Gelingen der Mission abhängt, oder?«, fragte Bastians Chef etwas unschlüssig. Er freute sich zwar über die plötzliche Einsatzbereitschaft seines Mitarbeiters, doch kamen ihm auch ernsthafte Zweifel, ob es eine gute Idee wäre, gerade ihn auf diesen wichtigen Einsatz zu schicken.

»Selbstverständlich«, antwortete Bastian, ausnahmsweise in völlig aufrechter Haltung und ohne das gewöhnliche Jammern in seiner Stimme, wenn Arbeit auf dem Plan stand.

»Also gut. Aber gnade dir Gott, wenn du die Sache versaust. Ich kann dir nicht ewig helfen, und wenn du deinen Job verlierst, kannst du davon ausgehen, dass dir dein Kredit von der Petrusbank für deine Privatwolke gekündigt wird. Das nur mal am Rande. Sobald du ihn gefunden hast, bereitest du ihn intensiv auf seine Aufgabe vor. Wir haben wegen dir schon genug

Zeit verloren. Und wehe du kommst da unten auf dumme Gedanken.«

»Alles klar Chef, ich werde das Kind schon schaukeln.« Bastian ging davon aus, dass Levi das Erscheinen eines Engels alleine schon so in Ehrfurcht verfallen lassen würde, dass er ihm nur kurz das Handbuch für den angehenden Messias in die Hand drücken müsste und die Sache war gegessen. Dieses Handbuch hatte Bastian sogar selbst erstellt. Bevor die Mission ins Laufen kam, war er mit Jesus dessen damaligen Einsatz noch einmal durchgegangen. Er hatte alle wichtigen Sachen aufgeschrieben, um den zweiten Messias vor Anfängerfehlern zu bewahren. Seine Aufgabe als Teamleiter war auch, dieses Handbuch ständig zu aktualisieren und auf die Neuzeit anzupassen. Vielleicht war er nicht immer mit dem nötigen Ernst bei der Sache gewesen, aber das Wesentliche war beschrieben. Wenn auch mit einem Augenzwinkern. Schließlich sollte der junge Heiland auch ein bisschen Spaß bei der Arbeit haben. Für manche seiner Anmerkungen wurde Bastian zwar gerügt, weil sie nicht sachlich genug und viel zu witzig geschrieben waren, geändert hatte er aber nichts daran. Sollten sie doch ein neues Handbuch schreiben, wenn es ihnen nicht passte. Das wollte aber auch keiner und so blieb es, wie es war. „Das Handbuch für den angehenden Messias", mit dem Untertitel „siebzehnte überarbeitete Auflage mit bahnbrechenden Erkenntnissen des einundzwanzigsten Jahrhunderts."

»Ach, noch was Bastian«, rief sein Chef, während er sich gerade selbst für seinen Ratgeber beweihräucherte.

»Ja?«

»Wir werden dich beobachten.«

»Oh«, antwortete Bastian und wusste ab diesem Moment, dass er einen besseren Plan brauchen würde. Zocken wollte er trotzdem.

Als Engel hatte man entgegen der landläufigen Meinung den Vorteil, ohne Flügel auf die Erde fliegen zu können. Besser gesagt war es vielmehr ein Beamen, wie man es aus Star Trek kannte. Im Himmel wurde immer noch darüber diskutiert, ob bei dieser Serie nicht auch ein abtrünniger Engel seine Finger mit im Spiel hatte. Bastian packte auch trotz der geplanten Überwachung freudig seine Sachen. Auf Anraten seines Pokerkumpels wählte er das Italiener-Outfit mit Nadelstreifenanzug und Lackschuhen. Passte zwar rein optisch gar nicht zu seiner Mission, aber für die verbotenen Pokertreffs sollte das der letzte Schrei sein. Bastian ging einfach davon aus, dass ihn nachts, wenn es dunkel sein würde, keiner mehr beobachten konnte.

Kapitel 4

Levi hatte in den ersten vierzehn Jahren, seit seinem Vollrausch im Säuglingsalter, fast komplett auf die Sache mit seiner Gabe verzichtet. Nur das mit dem Pausenbrot und ein paar andere zwingend notwendige Erziehungsmaßnahmen gingen auf sein Konto. Doch als plötzlich sein Hormonhaushalt während der Pubertät anfing, verrückt zu spielen, wurde die Versuchung immer größer.

Sarah ging in seine Parallelklasse und war so ziemlich der heißeste Feger, den seine ganze Klassenstufe zu bieten hatte. Sie war wunderschön und vor allem körperlich schon komplett entwickelt. Zumindest konnte sich Levi nicht vorstellen, dass sich irgendetwas an ihr noch weiter entwickeln könnte. Und wenn, dann hätten sicher überirdische Kräfte ihre Hände im Spiel.

Es war gerade ziemlich heiß und Sarah hatte die Angewohnheit bei Temperaturen über zwanzig Grad auf unnötige Stoffmengen weitestgehend zu verzichten. Sie hatte ein knallenges Trägertop an, das ihre weiblichen Rundungen schon fast unverschämt gut betonte. Über das kurze Höschen, das sich formvollendet an ihren Hintern schmiegte, durfte er gar nicht erst nachdenken. Das war so ein Moment, indem er seinen Glauben an Gott wenigstens einigermaßen begründet sah. Einem Menschen konnten solch perfekte Proportionen einfach nicht einfallen. War das der Job Gottes? Egal, meistens kam er in seinen Überlegungen nicht viel weiter und seine Eltern sagten ihm auch immer wieder, dass die Sache mit Jesus und so, eh nicht bewiesen sei. Zweifel kamen ihm selbst, wenn er in den Spiegel schaute und sich fragte, warum gerade er von einer ausgeprägten Ganzkörperakne heimgesucht wurde. Hatte Gott bei ihm keine Lust gehabt, oder war Sarah einfach nur Zufall?

Und dann war da ja noch die Sache mit seiner Gabe. Irgendwas musste ja auch hier dahinterstecken. Er hatte irgendwann versucht seinen Eltern davon zu erzählen, aber der Schuss ging gewaltig nach hinten los. Selbst als er zum Beweis eine tote Maus wieder zum Leben erweckt hatte, bekam er nur Scherereien. Seine Eltern unterstellten ihm Tierquälerei und waren der Ansicht, er hätte die Maus vorher betäubt und wollte sich damit nur wichtigmachen. Das Ende vom Lied waren fünfundzwanzig Therapiesitzungen, da seine Mutter herausfinden wollte, woher diese perversen Neigungen ihres Sohnes kamen. Obwohl sie ihm doch immer einen liebevollen Umgang mit Tieren vorgelebt hatte. Wie auch immer, Levi erzählte dem Therapeuten, was er hören wollte, Mami war zufrieden und er kam zu der Erkenntnis, dass seine Eltern wohl der falsche Ansprechpartner für diese

Dinge waren. Leider hatte er gar keinen Ansprechpartner für diese Themen. Vor einem halben Jahr wollte er seinem Kumpel Louis davon erzählen, bekam aber als Antwort nur den Ratschlag, mit den Drogen wider aufzuhören, bevor er komplett abhängig werden würde. Da hatte er etwas, das eigentlich ziemlich beeindruckend war, aber es schien irgendwie niemanden zu interessieren. Gabe hin, Hormone her. Er konnte sich, was Sarah betraf, nicht länger zurückhalten, nahm seinen ganzen Mut zusammen und sprach sie an.

»Hallo«, sagte Levi. Das war leider alles, was er sich von seiner geplanten Gesprächseröffnung in ihrer Gegenwart hatte merken können und der Eindruck, den er damit hinterließ, war eher mäßig. Sarah drehte den Kopf für einen Moment in seine Richtung, ließ ihre Augen an ihm kurz auf und abgleiten und beschloss wohl im selben Moment ihn komplett zu ignorieren. Nicht mal ein Kopfnicken, als Andeutung eines Grußes bekam er als Reaktion.

»Pickelfresse«, war das einzige Wort, das er noch hören konnte, als Sarah sich schon wieder ihrer Freundin zugewandt hatte. Im Normalfall wäre spätestens jetzt eine Pausenbrotumwandlung oder Trinkflaschenbeeinflussung fällig gewesen, aber bei Sarah schaffte er das einfach nicht. Sie war einfach viel zu schön. Als schöner Mensch waren scheinbar viele

Dinge einfacher. Levi dachte ein wenig über diese These nach und kam trotzdem kein Stück weiter.

»Arrogante Schnepfe«, sagte plötzlich ein Italiener im Nadelstreifenanzug, der aussah, als wäre er einem Mafiaepos aus Hollywood entsprungen. Levi zuckte erschrocken zusammen und war sich hundertprozentig sicher, dass eben noch niemand neben ihm gestanden hatte. Ungläubig und unfähig eine Antwort zu geben, starrte Levi den Italiener mit offenem Mund an und fragte sich, ob er vielleicht doch einen an der Klatsche hatte. Ausgesehen hatte er in diesem Moment definitiv so. Es wirkte ziemlich debil, als ihm vor lauter Glotzen auch noch ein Speicheltropfen aus dem Mundwinkel tropfte.

»Mach dir nichts draus«, fuhr der Italiener fort. »Jetzt wird alles besser.«

»Echt jetzt?«, fragte Levi und dachte darüber nach, einfach wegzurennen. Ganz normal war der Typ nicht. Vor allem, was hatte er um diese Uhrzeit auf dem Schulhof zu suchen. Wie der neue Hausmeister sah er jedenfalls nicht aus. Ableistung von Sozialstunden wegen illegaler Mafiageschäfte schloss Levi auch aus und so blieb einzig und allein die Erkenntnis, dass es wohl am ehesten dieser Typ sein musste, der bekloppt war.

»Na klar«, bestätigte der Pate und klopfte Levi auf die Schulter. Wenn Levi in diesem Moment schon gewusst hätte, dass dieser merkwürdige Mensch ein

Engel war und eigentlich Bastian hieß, wäre er aber mit Sicherheit auch nicht beruhigter gewesen.

Bastian hatte vom Chef eindeutige Anweisungen bekommen. Er sollte die Zielperson auf keinen Fall vor den Kopf stoßen, indem er ihm zu schnell von seiner eigentlichen Herkunft erzählte. Vertrauen aufbauen war die Devise. Langsames heranführen an die Wahrheit. „Alles dämliches Blabla", dachte sich Bastian und entschied sich kurzerhand für die direkte Variante. Umso schneller würde er fertig sein und könnte sich den wichtigen Dingen des Erdenbesuchs widmen.

»Junge, ich muss mal mit dir reden.«

»Jetzt gleich?«

»Warum warten?«

»Es hat geklingelt. Ich muss ins Klassenzimmer«, antwortete Levi. Der Italiener machte allerdings nicht den Eindruck, als würde ihn Levis Situation sonderlich interessieren.

»Dauert auch nicht lange.«

»Na dann.«

»Ich bin Bastian.«

»Levi.«

»Weiß ich.«

»Woher?«

»Ich bin ein Engel und wurde geschickt, um dich mit deiner Aufgabe vertraut zu machen.«

»Ich muss weg«, sagte Levi und rannte ins Klassenzimmer.

»Mist«, fluchte Bastian und setzte sich auf eine Bank, die am Rande des Schulhofes stand. Diese Warterei kotzte ihn an. Was war das nur für ein Idiot. Immer wurde erzählt, die Menschen wären völlig aus dem Häuschen, wenn irgendwo ein Engel auftauchte, aber das war wohl ziemlich pauschal. Gut, Levi war ja nicht direkt ein Mensch.

»Trotzdem«, zeterte Bastian vor sich hin. »Hätte er nicht einfach sagen können: „Prima, hab ich jetzt einen Wunsch frei?", oder so? Verzogener Rotzlöffel.«

Bastian arbeitete einen Plan aus, der todsicher funktionieren müsste. Er hatte die Idee, Levi einen Tipp zu geben, wie er Sarah mit seiner Gabe abschleppen könnte. Das sollte auf jeden Fall klappen. Schließlich war er ja scharf auf das Mädel. Leider kam Bastian nicht mehr dazu, es ihm zu sagen. Zumindest nicht an diesem Tag. Levi hatte dem Lehrer von diesem komischen Kerl auf dem Schulhof erzählt und in Zeiten, in denen man ständig etwas von Pädophilen hörte, fackelte dieser nicht lange. Er rief die Polizei an, der die Geschichte mit dem Engel extrem verdächtig vorkam und beobachtete mit seiner Klasse durch das Fenster, wie Bastian abgeführt wurde.

»Was soll das?«, rief Bastian. Er war schon kurz davor, sich einfach verschwinden zu lassen, besann sich aber gerade noch rechtzeitig auf die oberste Regel für Erdenbesuche: „KEINE ZAUBEREI UNTER ZEUGEN". Bescheuerte Regel, dachte sich Bastian, wollte sich aber dennoch daran halten, da er befürchtete bei Nichtbeachtung sofort wieder von seinem Außendiensteinsatz abkommandiert zu werden. Er hatte dunkel in Erinnerung, dass einem Typen namens Harry Potter auch immer an den Karren gefahren wurde, wenn er an verbotenen Orten zauberte. Allerdings hatte er nur über ein paar Ecken von ihm gehört und wusste nicht wirklich, wer das war. Karten spielte er jedenfalls nicht. Bastian hatte keine Ahnung, dass Harry Potter die Hauptfigur aus einem der bekanntesten Jugendbücher der Welt war. Allein die Tatsache, dass es keine echten Zauberer auf der Erde gab, hätte ihn stutzig machen müssen. Doch er war meistens zu faul, um sich ernsthaft Gedanken über Sachen zu machen, die er nur am Rande aufschnappte und die ihn nicht weiter interessierten. Und so wartete er, bis es in seiner übelriechenden Zelle dunkel und die Kontrollgänge der Wärter seltener wurden. Kurz bevor er sich lautlos durch die Wand verdünnisieren wollte, flog die Tür auf und ein ziemlich zerlumpter Typ wurde zu ihm hineingeschoben. Er stank nach Alkohol und hatte sich mindestens drei Monate nicht rasiert. Dann fiel ihm plötzlich Bastian auf und er schaute ziemlich verwundert aus seiner verdreckten Wäsche.

»Was machst du denn hier?«, fragte er und schwankte gefährlich weit nach allen Seiten. Komischerweise konnte er noch relativ deutlich reden.

»Eine Verwechslung«, antwortete Bastian und fragte sich, ob dieser Penner wohl auch zu den Personen gehörte, vor denen man keine übernatürlichen Dinge abziehen durfte.

»Wie bei mir, hicks«, war die Antwort und damit waren auch Bastians Bedenken zerstreut. Er vergeudete keinen weiteren Gedanken und verschwand. Sein kurzzeitiger Zellenmitbewohner wunderte sich einen Moment, schüttelte den Kopf und legte sich auf die Pritsche, um seinen Rausch auszuschlafen.

»Levi wird jetzt eh schlafen«, redete sich Bastian ein und rechtfertigte damit vor sich selbst, erst am nächsten Morgen wieder einen neuen Anlauf zu starten, den offensichtlich ziemlich unwissenden Messias zu erleuchten. Stattdessen machte er sich auf, das Nachtleben zu erkunden und hielt, wie von seinem Pokerkumpel empfohlen, Ausschau nach heftig blinkender Leuchtreklame, die in der Regel auf eine Spielhölle hindeutete. Was seiner Meinung nach ein ziemlich passender Name für etwas war, dass im Himmel nicht wirklich gerne gesehen wurde. Es dauerte auch nicht lange, bis er fündig wurde. Sein Kumpel hatte noch die Anmerkung mit dem Hintereingang oder Nebenzimmer gemacht. Die Oase eines jeden Spielerherzens lag direkt vor ihm, doch der Eintritt wurde ihm verwehrt. Eben dieser kostete etwas und er hatte natürlich kein Geld. Wozu auch? Engel müssen nicht essen und nicht trinken. Genauso wenig, wie atmen.

Doch irgendwann kam einer auf die Idee, die Arbeitsleistung der Beschäftigten steigern zu können, wenn diese in ihrer Freizeit gelegentlich über die Stränge schlagen und Spaß haben dürften. Natürlich alles in einem angemessenen Rahmen. Kurz nach der Ethikkommission wurde auch eine Arbeitsgemeinschaft zur Genussmittelkonsumierung gegründet, die ordentlich Zulauf hatte. Sie war auch deutlich beliebter, als die Ethikkommission. Jedenfalls setzten sie zur Freude Bastians durch, dass in Ausnahmefällen, wie zum Beispiel bei Betriebsfeiern, Alkohol konsumiert werden durfte, obwohl man dessen Erfindung dem Kollegen aus der Unterwelt zuschrieb. Wenn an diesem Abend schon nichts mit Zocken war, steckte Bastian seinen Finger in den nächsten Brunnen, machte Wasser zu Wein und haute sich dermaßen einen hinter die Binde, dass er erst am nächsten Morgen irgendwo im Park aufwachte, als Levi schon wieder auf dem Weg in die Schule war. Das war der Nachteil von Alkohol. Dadurch wurden selbst Engel müde. Und wenn sie es zu sehr übertrieben, bekamen sie sogar Kopfschmerzen. Und im Himmel gab es kein Aspirin.

Kapitel 5

Levi saß in seinem Klassenzimmer und dachte über seinen Traum nach. Ein ziemlich merkwürdiger Traum. Obwohl, wenn man bedachte, dass ihm gestern ein aalglatter Italiener erzählt hatte, er wäre ein Engel und dann noch das Gefasel von seiner Aufgabe. Vielleicht hatte es ja etwas mit seiner Gabe zu tun. Aber nur vielleicht. Als Italiener verkleidete Engel beunruhigten ihn trotzdem und waren alles andere, als vertrauenerweckend. Na ja, auf jeden Fall hatte Levi in dieser Nacht Sarah klar gemacht und in seinem Traum war sie komplett verrückt nach ihm. Trotz Pickel und mäßig beeindruckender Kleiderwahl. Ihm ging der Gedanke nicht aus dem Kopf, ob das nicht wirklich irgendwie zu bewerkstelligen sein würde. Wenn er doch schon Salami in Hundescheiße verwandeln konnte, musste er doch eigentlich auch aus einer arroganten Zicke ein williges, furchtbar nettes und zuvorkommendes Mädchen machen können. Wenn nur eins möglich wäre, würde er die letzten zwei Punkte einfach auf später verschieben. Mit vierzehn Jahren sollte man die inneren Werte vielleicht noch nicht überbewerten. Levi hatte jedoch keine Ahnung, wie er das anstellen sollte. Schließlich hatte er schon mindestens genauso fest an einen Kuss von Sarah gedacht, wie damals an Hundescheiße in Verbindung mit Torbens Pausenbrot im Kindergarten. Der Kuss blieb bisher allerdings aus. Erst heute Morgen hatte sie ihn wieder komplett ignoriert und schon wieder irgendwas von Pickelfresse gefaselt. Wobei ignorieren und darüber reden nicht ganz zusammenpassen wollten. Plötzlich fiel ihm die Sache mit Mamas Saft und dem Alkohol im Krankenhaus wieder ein. Er hatte die Flasche berührt und es hat geklappt. Wahrscheinlich müsste er nur Sarah berühren und sie würde ihm zu Füßen liegen.

»Super Plan«, sagte Levi zu sich selbst und war sich absolut sicher, dass es funktionieren würde. Er wartete nach der Schule an einer Stelle, von der er wusste, dass Sarah dort vorbeikommen würde. Und tatsächlich, sie kam. Sarah lief, ohne von Levi Notiz zu nehmen, an ihm vorbei und er ging hinterher. Nach ein paar Schritten legte Levi von hinten die Hand auf ihre Schulter, Sarah blieb stehen, Levi dachte an den Kuss und schloss die Augen.

»Spinnst du?«, hörte Levi Sarah schreien, kurz bevor ihre flache Hand mitten in seinem Gesicht einschlug. Statt eines innigen Kusses hatte Levi kräftig eins auf die Fresse bekommen. Seine linke Backe brannte, als hätte Sarah mit ihrem Schlag einen mittelschweren Flächenbrand auf seiner Aknelandschaft entfacht. Levi musste auch diesen Versuch als gescheitert werten und freundete sich widerwillig mit der Tatsache an, den nächsten Versuch erst nach der Pubertät zu starten. Wenn er diese Drecksgabe besser unter Kontrolle hätte, würde er vielleicht auch diese verdammten Pickel in den Griff bekommen. Immer nur Salami in Hundescheiße und Saft in Hochprozentiges umzuwandeln, konnte ja nicht alles sein. Er setzte sich niedergeschlagen auf die Bank an der Bushaltestelle. Den Bus hatte er natürlich Sarah zu liebe verpasst und der Lohn dafür, war leuchtend rot auf seiner Backe zu sehen. Levi hatte keine Ahnung, warum die Sache mit dem Kuss nicht funktioniert hatte.

»War das die dumme Schnepfe von gestern?«, fragte eine Stimme neben ihm, obwohl er eigentlich gerade noch alleine auf der Bank gesessen hatte. Levi zuckte zusammen und fuhr herum. Es war schon wieder dieser Patenverschnitt, der ihn zu Tode erschreckt hatte.

»Wieso interessiert sie das?«, fragte Levi. »Und vor allem, warum tauchen sie immer völlig aus dem Nichts auf?«

Bastian sah sich kurz um und sah, dass er völlig unbeobachtet war. Um der Gefahr zu entgehen, bei einem erneuten Erklärungsversuch, Levi gleich wieder in die Flucht zu schlagen, entschied er sich für eine Demonstration, die Levi sicherlich glauben lassen würde, dass er ein Engel war. Bastian beamte sich von der linken auf die rechte Seite und bevor Levi einen Kommentar abgeben konnte, ergriff Bastian das Wort.

»Ich bin ein Engel«, sagte er schon wieder und fügte sofort hinzu: »Lauf nicht wieder weg, ich bin eh schneller bei dir, als du laufen kannst.« Levi unterdrückte den Drang sich zu verdünnisieren und blieb mit klopfendem Herzen auf der Bank sitzen.

»Und warum haben sie sich gestern nicht weggebeamt, als die Polizei kam?«

»Das ist eine andere Geschichte.«

»Welche?«

»Kennst du Harry Potter?«

»Was hat der damit zu tun?«

»Der darf auch nicht zaubern, wenn er beobachtet wird.«

»Oh«, sagte Levi und wusste noch überhaupt nicht, was er von der ganzen Sache halten sollte. Jedenfalls schien etwas dran zu sein. Also, dass der Typ neben ihm ein Engel war. Die Verbindung zu Harry Potter war wohl etwas weit hergeholt.

»Und was wollen sie von mir?« Levi wusste zwar, dass er nicht normal war und der angebliche Engel beunruhigte ihn ziemlich heftig, aber vielleicht brachte ja diese merkwürdige Begegnung etwas Licht ins Dunkel.

»Bevor wir anfangen«, sagte Bastian mit ernster Miene. »Sag nicht immer „sie" zu mir. Da komme ich mir immer so alt vor.«

»Wie alt sind sie?«, Levi stockte und verbesserte sich. »Ich meine, wie alt bist du?«

»Woher soll ich das wissen? Engel leben ewig. Zumindest, wenn wir uns nicht zu dämlich anstellen und irgendwie im Fegefeuer landen. Aber das ist wieder ein anderes Thema.« Bastian wurde dabei immer etwas heiß an den Fußsohlen, weil er sich, wegen seines nicht immer himmelkonformen Lebenswandels, auf ziemlich dünnem Eis bewegte. Immerhin kam er schon so lange damit durch, dass er sich an sein Alter nicht erinnern konnte. Was ihm aber auch wieder klarmachte, dass er sich die Sache mit der Pension, bei unendlichem Leben wohl komplett in seine Engelslocken schmieren konnte. Soweit hatte er noch gar nicht gedacht. Wegen der Locken, die im Himmel leider immer noch Pflicht waren, hatte er sich auch für die Schwarzhaarpomadenfrisur auf der Erde entschieden. Das war mal was anderes.

»Ok«, antwortete Levi. »Und jetzt?«

»Was meinst du mit „und jetzt"?«

»Was willst du eigentlich von mir.«

»Ach so«, sagte Bastian und erinnerte sich plötzlich wieder an seinen Auftrag. Doch bevor er den Jungen mit der eigentlichen Aufgabe des Messiasdaseins belasten würde, wollte er ihm mittels eines kleinen Tricks zeigen, dass er es einfach drauf hatte und Levi dadurch garantiert auf ihn hören würde. »Bevor wir mit der Arbeit beginnen, will ich dir zuerst mit deinem kleinen Problem helfen.«

»Generell will ich genau genommen noch überhaupt nichts von Arbeit wissen und bei welchem meiner vielen Probleme willst du mir angeblich helfen können?« Levi war ziemlich verwirrt und blieb eigentlich nur sitzen, weil der Typ wahrscheinlich recht hatte und sich einfach hinterherbeamen würde, egal wie schnell er lief.

»Scheißdreck«, kommentierte Levi seinen Gedanken, noch bevor Bastian antworten konnte.

»Bitte?«

»Entschuldigung.«

Levi schüttelte den Kopf, Bastian sah ihm den Fluch nach und machte einfach weiter, als wäre nichts gewesen.

»Mit Sarah«, sagte Bastian, doch Levi wusste mittlerweile nicht mehr, von was der italienische Engel sprach.

»Hä?«

»Sie hieß doch Sarah, oder?«

»Wenn du die, mit dem ordentlichen rechten Haken und der Abneigung gegen Pickel meinst, dann ja.«

»Ich helfe dir, sie abzuschleppen.«

»Und warum?«

»Warum nicht?«

Levi überlegte kurz, aber es fiel ihm nichts ein, was dagegen sprach und nickte.

»Das ist ein Argument. Und wie?«

»Ich zeige dir, wie du deine Gabe auch mal für dich einsetzen kannst und im Gegenzug arbeitest du ab Morgen kräftig mit, wenn es um deine Aufgabe geht.«

»OK. Was für eine Aufgabe ist das?«

»Das erklär ich dir morgen. Du bist nämlich aus einem ganz bestimmten Grund auf die Welt gekommen und hast diese Gabe nicht um Mädels zu imponieren, oder Wasser in Wein zu verwandeln.«

»Warum sagst du mir dann, wie ich Mädels damit beeindrucken kann?«

»Manchmal muss man eben Ausnahmen machen.«

Bastian handelte natürlich nicht ganz uneigennützig und verfolgte den Plan, mit ein paar kleinen Geschenken Levi gegenüber, dessen Schweigsamkeit bezüglich seiner eigenen Fehltritte zu erkaufen. Im Laufe des Nachmittags zeigte Bastian seinem Schützling mit Hilfe von ein paar Katzen, die zufällig umherstreunten, wie er mit der Kraft seiner Gedanken, diese beeinflussen konnte. Es war nicht einfach, aber es klappte nach einer Weile recht gut. Solange er sich darauf konzentrierte, machten die Tiere, was er wollte. Dachte er wieder an etwas anderes, waren sie in ihrem Willen wieder frei.

»Cool«, sagte Levi irgendwann und sah Sarah schon auf den Knien vor ihm nach einem Kuss hecheln. Bastian verabschiedete sich und gab ihm noch einen Ratschlag mit auf den Weg, der nicht schaden konnte.

»Levi!«, rief Bastian. »Eins noch.«

»Was denn?«

»Schau gelegentlich mal in die Bibel.«

»OK«, sagte Levi, wusste allerdings nicht warum, aber er interessierte sich neben Sarahs Küssen ja sowieso irgendwie für Gott und das ganz Zeug. Er hatte zwar keine Ahnung warum, aber er musste ja auch nicht alles verstehen. Und für die Möglichkeit Sarah zu küssen, würde er die Bibel zur Not auch rückwärts lesen. Oder Diagonal.

Kapitel 6

Levi war aufgeregt. Nein, er war furchtbar aufgeregt. Er war die halbe Nacht wach gewesen und hatte versucht, sich einen Plan zurechtzulegen. Er konnte es drehen und wenden, wie er wollte. Wenn er zu lange wartete, würde ihn mit Sicherheit der Mut verlassen. Also musste er gleich morgens zuschlagen, auch wenn das mit Sicherheit nicht die klassische Uhrzeit für ein Rendezvous war. Obwohl er eine Waffe zur Mädcheneroberung hatte, von denen andere in seinem Alter nur träumen konnten, hatte er die Hosen gestrichen voll. Auf eine weitere Ohrfeige von Sarah hatte er definitiv keine Lust und von der Demütigung ganz zu schweigen. Wenn er es allerdings tatsächlich schaffen würde, die heißeste Braut der Schule direkt auf dem Pausenhof zu küssen, wäre er definitiv der Held aller Pubertierenden. Zumindest bei denen mit Akne und Übergewicht.

In dieser Nacht spielte Bastian das Pokerspiel seines Lebens. Das nötige Kleingeld dazu ergaunerte er sich als angeblicher Kellner in Straßencafés, nachdem er von einem Gast, der Bastian versehentlich mit dem Personal verwechselte, bezahlt wurde. Er lief gerade durch die Stuhlreihen, als ihn dieser nette Herr zu sich herrief, ihm einen Geldschein zusteckte mit der Bemerkung, er solle den Rest behalten, da er schnell wegmüsse und nicht auf die Rechnung warten könnte. Danach lief er noch durch ein paar weitere Cafés und kassierte immer dann einen Gast ab, wenn kein echter Kellner in der Nähe war. Wenn er das Wechselgeld nicht hatte, ging er mit der Begründung welches zu holen, in das Café, wartete kurz und verschwand wieder. So kam eine ganze Menge Geld zusammen.

Bastian erinnerte sich, trotz seines Totalausfalls nach seinem ersten Versuch eine Spielhölle zu besuchen, sofort wieder daran, für was er das Geld brauchen könnte.

Zocken!

Er beamte sich sofort zu dieser Spielhölle, zahlte den Eintritt am Seiteneingang und war definitiv der am besten gekleidete Pokerspieler am Tisch des Hinterzimmers. Sein Startkapital war allerdings ziemlich dürftig im Vergleich zu den Geldbergen vor seinen Mitspielern. Er schaute sich im Raum um, wusste eigentlich, dass ihn auch ein fensterloser Raum nicht vor der Beobachtung seines Vorgesetzten schützen könnte, und hoffte einfach, dass der gerade etwas anderes zu tun hatte. Was er Levi für seinen ersten Kuss geraten hatte, könnte er schließlich auch einsetzen. Das war ja auch nicht wirklich Zauberei.

Zumindest war es nichts, dass offensichtlich auf übersinnliche Kräfte hindeutete. Bastian konnte zwar nicht durch die Karten seiner Mitspieler hindurchschauen, aber immerhin war es ihm möglich deren Gedankengänge insofern zu beeinflussen, dass sie einen herben Mist zusammenspielten. Und das reichte, um einen ziemlich großen Haufen dieser Scheine zu erspielen, auch wenn er als Engel so gut wie nichts damit anfangen konnte. Auf seinem Erdentrip konnte er einiges davon ausgeben für Sachen, die er nicht brauchte. Immerhin. Alles würde er mit Sicherheit nicht losbringen. Vielleicht konnte ja Levi was damit anfangen.

»Halt!«, sagte einer der muskelbepackten Gestalten am Pokertisch, als Bastian in den frühen Morgenstunden den Abflug antreten wollte, um Levi vor der Schule noch einmal abzupassen. Er hätte ihm noch gerne einen Tipp gegeben, an den er gestern nicht gedacht hatte. »Da ging doch was nicht mit rechten Dingen zu.«

»Ich weiß nicht, was ihr meint«, antwortete Bastian, wollte pfeifen und stellte fest, dass dies zu den Dingen gehörte, die Engel nicht konnten.

»So viel, wie du, kann kein Mensch gewinnen.«

»Warum nicht?«, fragte Bastian, entschied sich dafür, seine Identität auch in einer Krisensituation für sich zu behalten und war gespannt auf die Antwort. Der Hüne, der sich mittlerweile vor ihm aufgebaut hatte, wusste aber auch keine. Er fragte sich lediglich, warum er immer wieder Anfängerfehler während des Spiels gemacht hatte. Das passierte ihm sonst nie und zugeben würde er das auch nicht. Bastian fragte sich, warum dieser Idiot etwas sagte, dessen Begründung er nicht einmal ansatzweise in der Hinterhand hatte. Er hielt kurz inne, versuchte sein zu klein geratenes Hirn auf Touren zu bringen, musste sich allerdings gegen eine vernünftige Erklärung und für einen Wutausbruch entscheiden.

»Das ist doch scheißegal«, brüllte Popeye und Bastian bekam dessen feuchte Aussprache direkt ins Auge. Ganz ohne unerlaubte Hilfsmittel würde er leider aus dieser Situation nicht herauskommen. Es gab zwei Möglichkeiten. Die Schnellste wäre einfach, sich wegzubeamen, was aber mit Sicherheit Fragen aufwerfen würde, die sogar dieser Vollpfosten nicht so einfach beiseiteschieben könnte. Gedankenbeeinflussung war die andere. Würde etwas länger dauern und Bastian hätte damit Levi verpasst, dem er gerade zu diesem Thema eben noch gerne einen Rat gegeben hätte, aber dann sollte es eben so sein. Bastian legte dem Schrank von einem Mann, der sich vor ihm aufbaute, erneut die passenden Gedanken in den Kopf.

»Aber wenn es so ist, können wir leider auch nichts machen«, fügte der Riese hinzu und lächelte. Seine Freunde fragten sich derweil, ob er jetzt völlig übergeschnappt war, und hegten berechtigte Zweifel an seiner plötzlichen Meinungsänderung.

»Du willst ihn doch jetzt nicht wirklich gehen lassen, oder?«, fragte einer der Pokerspieler mit ungläubiger Miene.

»Warum nicht?«

»Der hat doch garantiert beschissen.«

»Können wir aber nicht beweisen.«

»Ähh«, setzte der andere an, verstummte aber sofort wieder, weil Popeye die Faxen plötzlich dicke hatte und ihm ohne Vorwarnung eine rechte Gerade verpasste. Dann streckte er Bastian die Hand hin, bot ihm noch eine Stofftragetasche für die vielen Geldscheine an und hielt ihm nach dem Händeschütteln sogar noch die Tür auf. Gleich, nachdem Bastian im Freien war, suchte er sich eine Stelle, an der er unbeobachtet war, und beamte sich an Levis Schule. Der Hauptgrund dafür war aber nicht Levi, sondern die Tatsache, dass die Menschen, deren Gedanken er beeinflusst hatte, sich hinterher wieder ihrer ursprünglichen Meinung anschlossen und feststellten, dass sie gerade etwas gemacht hatten, was ihnen völlig gegen den Strich ging. Und so stürmte Popeye auch gleich darauf aus der Spielhölle, um Bastian auf der Stelle windelweich zu prügeln. Doch vor der Tür war niemand mehr. Das war übrigens auch der kleine Nachteil, vor dem Bastian Levi vor der Schule noch warnen wollte, aber er kam zu spät. Wieder einmal.

Levi ging mit einem mulmigen Gefühl, aber voller Vorfreude, auf Sarah zu. Er sah ihr direkt in die Augen, und noch bevor er die Sache ausprobierte, die Bastian ihm gestern gezeigt hatte, schien sie auf einmal nervös zu werden. Sie war es gewohnt, dass alle männlichen Wesen in ihrem Alter, sofort vor ihr kuschten, wenn sich ihre Wege kreuzten und jetzt traute sich die Pickelfresse auch noch, direkt auf sie zuzugehen. Sarah war an diesem Morgen wieder extrem heiß angezogen. Wobei kalt um diese Uhrzeit besser passte, wenn man beobachtete, was sich unter ihrem engen Top abzeichnete. Das alleine hatte Levi schon fast so sehr irritiert, dass er um ein Haar vergessen hätte, Sarahs Gedanken umzudrehen. Er war kurz davor, im letzten Moment noch einen Rückzieher zu machen, als sich Sarahs Gesichtsausdruck plötzlich änderte. Ihr abfälliger Blick wechselte, von einer Sekunde auf die andere, in ein freundliches Lächeln. Sarah ging auf Levi zu, breitete ihre Arme aus und schlang sich um ihn, als ob sie nichts anderes an diesem Morgen vorgehabt hätte. Levi war trotz seines Plans extrem überrascht und bekam einen spontanen Extremschweißausbrauch unter den Armen und auf der Stirn. Sein Herz klopfte, als wollte es aus der Brust herausspringen und zusehen, wie Levi seinen ersten Kuss bekam. Seine Beine fühlten sich an wie Pudding. Trotz aller Widrigkeiten ließ er sich nicht beirren und setzte zielstrebig zum Kuss an. Er schaute Sarah wieder tief in die Augen, ihr Lächeln war noch immer nicht verschwunden und selbst ihre Lippen bewegten sich ganz langsam auf seine zu. Als es dann endlich so weit war und Sarahs Lippen, die von Levi berührten, durchströmte ihn ein Gefühl, das er noch niemals zuvor erleben durfte. Er wusste zwar, dass es ergaunert war, aber das scherte ihn einen Scheiß. Er war gestraft mit Pickeln, die für eine komplette Pubertät von Vierlingen gereicht hätte und irgendwie musste er ja schließlich zum Zuge kommen. Sarahs Lippen öffneten sich und ihre Zunge arbeitete sich zielsicher zu seiner vor. Levi schwebte im siebten Himmel. Dieses Wortspiel hatte bei ihm eine ganz besondere Bedeutung, die er allerdings noch nicht kannte. In diesem Augenblick zählte jedoch nur eines. Der Kuss. Und den kostete Levi aus, solange es ging. Seine halbe Klassenstufe hatte sich bereits um dieses unglaubliche Schauspiel versammelt und gerade der männlichen Fraktion klappten nacheinander die Kinnladen herunter. Es war unerklärlich, wie gerade er dieses Mädchen abräumen konnte. Levis erster Kuss dauerte fast eine ganze Minute. Als sich ihre Lippen trennten, hatte er das breiteste Grinsen der Welt im Gesicht. Selbst Sarah lächelte immer noch. Der Gong löste dann allerdings recht unsanft die Szenerie auf und Sarah wandte sich zum Gehen.

»Wieso hast du Pickelfresse geküsst«, wollte eine ihrer Freundinnen nach ein paar Schritten wissen.

»Das weiß ich nicht«, antwortete Sarah und langsam aber sicher wurde sie ihrer Sinne wieder mächtig, da Levi ausschließlich an den Kuss und nicht mehr an ihre Gedanken dachte. Sarah drehte auf dem Absatz um und lief direkt zurück zu Levi. Sie hatte keine Ahnung, was da eben passiert war. Sie wusste nur, dass sie stinksauer war. Irgendwas musste er gemacht haben, dass sie zu so etwas Widerlichem fähig gewesen war. Levi dagegen stand immer noch unverändert an derselben Stelle und bewegte sich keinen Millimeter. Das leicht debile Grinsen war immer noch nicht aus seinem Gesicht gewichen, und als er Sarah auf sich zukommen sah, ging er in seinem Liebesrausch davon aus, dass sie noch einen Nachschlag wollte. Er wollte jedenfalls einen und breitete seine Arme aus. Sarahs veränderten Gesichtsausdruck bemerkte er erst viel zu spät. Sarahs Bein schoss so schnell nach vorne, dass Levi nur noch zuschauen konnte, wie sie ihm mit voller Wucht in die Nüsse trat. Er konnte nicht einmal schreien vor Schmerz. Ihm blieb sofort die Luft weg und er kippte zur Seite, wie eine Statue, die dem Sturm nicht mehr standhielt. Levi lag auf dem Boden und japste nach Luft. Als Sarah sich über ihn beugte, standen leider schon wieder ungeheuer viele Schüler um ihn herum.

»Ich weiß nicht was du gemacht hast!«, schrie Sarah mit über hundert Dezibel in seine Richtung. »Aber mach das nie wieder. Das überlebst du nicht.«

Ohne abzuwarten, ob Levi vielleicht noch etwas zu sagen hatte, drehte sie sich um und stolzierte davon. Levi war gerade in seiner horizontalen Lage dabei abzuwägen, ob der Kuss die Schmerzen wert war oder nicht. Bevor er sich endgültig entschieden hatte, waren die letzten Schüler in ihren Klassen, er lag nach wie vor auf dem Boden und hörte plötzlich die ihm mittlerweile bekannte Stimme Bastians neben sich.

»Wir müssen reden«, sagte der Engel und verzichtete auf einen Kommentar bezüglich seiner Aktion mit Sarah. Irgendwie war er ja auch ein wenig an diesem schmerzhaften Ausgang schuld.

»Schon wieder?«

»Und das wird auch nicht das letzte Mal sein.«

»Ich muss aber in die Schule.«

»Ich schreib dir eine Entschuldigung.«

»Darfst du das?«

»Interessiert dich das?«

»Nicht wirklich.«

»Also was ist jetzt mit der Entschuldigung?«

Auf der einen Seite hatte Levi überhaupt keine Lust, schon wieder irgendwelche Engelsgeschichten zu hören. Auf der anderen Seite wäre die große Pause ein Spießrutenlauf für ihn geworden. Nachdem der Schmerz etwas nachgelassen hatte, musste er sich jedenfalls eingestehen, dass er ohne Bastian garantiert nicht diesen Wahnsinnskuss gehabt hätte. Daher entschied er sich zuerst dafür, dass der Kuss die Schmerzen wert, und die Aktion immerhin ein Teilerfolg war. Danach ließ er sich auf das Entschuldigungsschreiben von Bastian ein und hoffte, vielleicht noch ein paar Tricks zu lernen.

»Aber zu der Bibel bin ich noch nicht gekommen.«

»Kein Ding. Du hast noch Zeit.«

»Was hast du in der Tüte?«

»Dazu kommen wir später«, antwortete Bastian und half Levi endlich wieder vom Boden aufzustehen. »Ich muss dir dringend ein paar grundlegende Dinge erklären.«

»Aha«, sagte Levi und war gespannt, was ein Engel so an grundlegenden Dingen zu erklären hatte. Viel besser wäre gewesen, wenn er ihm die Schmerzen in seinen Eiern weggezaubert hätte. Aber er traute sich nicht, danach zu fragen. Obwohl er das gar nicht wollte, beschäftigte er sich, während die beiden wortlos vom Schulgelände liefen, mit der Frage, ob Engel wohl auch Eier hatten. Und wenn ja, ob Engeleier auch genauso wehtun würden, wie Menscheneier. Was für ein bescheuerter Gedanke.

Kapitel 7

»Boah«, war das Einzige, das Levi im ersten Moment antworten konnte, als ihm Bastian die grundlegenden Dinge über die unbefleckte Empfängnis, die Verwechslung und seinen Vater erklärt hatte. Schließlich kam ja nicht alle Tage ein Engel vorbeigeflogen und erzählte einem, man sei der Messias. Von dem Mafia-Outfit des Engels mal ganz abgesehen. Zumindest erklärte das die Sache mit seiner Gabe und das Interesse an der Bibel und dem ganzen christlichen Kram. So drückte es jedenfalls seine Mutter aus. Sein Vater sagte immer nur, das würde sicher vorbeigehen. Eigentlich war der Typ ja gar nicht sein Vater. Toll.

»Ach«, sagte Bastian noch. »Jetzt hätte ich beinahe etwas vergessen.«

»Mir reicht's eigentlich schon. Behalt's einfach für dich.«

»Es wird dir aber helfen.« Bastian hob Levi das Handbuch für den angehenden Messias unter die Nase.

»Was ist das?«

»Steht doch drauf.«

Levi las den Titel, blätterte wahllos hin und her, ohne wirklich etwas zu lesen, und klappte es wieder zu.

»Und jetzt?«, fragte er, ohne näher auf das Handbuch einzugehen.

»Na ja, du bist der Messias. Nicht ich. Lies in der Bibel, studiere das Handbuch und versuch das auf deine Zeit ...«, setzte Bastian an, ihm nochmals seine Aufgabe vor Augen zu führen.

»Das meine ich doch gar nicht«, fiel ihm Levi ins Wort. »Wie soll ich jetzt zu dem Typen sagen, der mit meiner Mutter verheiratet ist?«

»Ach so. Lass alles, wie es ist. Auf Erden ist er ja auch dein Vater. Irgendwie zumindest.«

»Oh Mann«, stöhnte Levi. »Mich hat aber keiner gefragt, ob ich das will, oder?«

»Jesus wurde auch nicht gefragt.«

»Super. Soll ich mir dann am besten jetzt schon das Holz für mein Kreuz im Baumarkt aussuchen und schauen, dass es wenigstens gut ausschaut, oder hab ich vielleicht das Glück, dass in den nächsten zwanzig Jahren die Todesstrafe wieder eingeführt wird und ich eine Giftspritze bekomme, nur weil ich den Leuten sage, sie sollten zur Abwechslung mal nett zueinander sein? Das ist doch Scheiße.«

»Hm«, sagte Bastian und schwieg. Der Junge hatte recht. Er wusste ja schon, was dabei rauskam, wenn man den Leuten zu viel Gutes tun will. Die Sache wurde komplizierter, als Bastian sich das ausgemalt hatte. Immerhin hatte er letzte Nacht ein grandioses Pokerspiel hingelegt, das seinen Mitspielern ihr Leben lang in Erinnerung bleiben würde. Das hatte zwar überhaupt nichts mit seinem Auftrag zu tun, aber er konnte ja auch nicht die ganze Zeit Levis Händchen halten und den Hilfsmessias spielen. Vielleicht war es ja auch von Vorteil, wenn er länger auf der Erde bleiben müsste. Das Fernsehprogramm sollte schließlich auch nicht schlecht sein und ein Teil seines Gewinns würde er verstecken und beim nächsten Besuch in ein vernünftiges Hotelzimmer investieren. Den anderen Teil würde er wahrscheinlich Levi geben. Leider würde das alleine die mangelnde Motivation seines Schützlings auch nicht verbessern. Zumindest jetzt noch nicht. Viel wichtiger war eigentlich, dass er in den nächsten Jahren nicht allzu viele Dummheiten mit seiner Gabe anstellte.

»Hallo!«, rief Levi und riss Bastian damit aus seinen Gedanken. »Ist „Hm" alles, was du zu meiner drohenden Todesstrafe zu sagen hast? Das ist ziemlich dürftig.«

»Ich denke nach«, antwortete Bastian, auch wenn seine Gedanken Levi nicht wirklich weiterbringen würden.

»Und?«, hakte Levi nach. »Irgendwelche Ideen, die mein zu erwartendes Lebensalter deutlich über vierzig steigen lassen?«

Bastian konnte darauf leider keine Antwort geben. Woher sollte er wissen, ob die Menschheit für einen zweiten Messias bereit war. Das Ganze war ja schlussendlich nicht auf seinem Mist gewachsen. Entweder sie würden ihn mit offenen Armen empfangen, oder eben nicht. Er fragte sich, ob das überhaupt noch zu seiner Aufgabe gehörte. Er war ja schließlich kein Motivationstrainer.

»Du kannst dir ja erst einmal Gedanken machen, wie du das angehen willst. Die nächsten Jahre musst du auch noch nicht aktiv werden, sondern kannst dich ein wenig auf deine Aufgabe vorbereiten.«

»Geht ihr da oben eigentlich davon aus, dass die Sache funktioniert? Oder habt ihr euch gedacht, ihr schickt mal wieder einen los und wartet ab, was passiert?«

»Gute Frage.«

»Mehr fällt dir dazu nicht ein?«

»Hm.«

»Hör auf mit dem „Hm". Das hatten wir schon bei der Todesstrafe.«

»Du bist aber echt ganz schön schwierig.«

»Ach, ich bin schwierig?«, stellte Levi fragend fest. »Sehe mir bitte nach, dass ich mit vierzehn Jahren nicht gleich Hurra schreie, wenn ich die Aussicht auf ein undankbares Missionieren mit geringer Lebenserwartung vor den Kopf geknallt bekomme. Mir tun jetzt schon die Hände weh, wenn ich an die dicken Nägel denke.«

»Tut mir leid«, sagte Bastian, musste dem Jungen eigentlich beipflichten, konnte ja aber nicht einfach so zu seinem Chef gehen und sagen, der Messias hat keine Lust auf Wunder und so. Es war zum Kotzen.

»Vielleicht hab ich ja auch überhaupt keine Lust, die Welt zu retten. Hast du schon mal daran gedacht?«

»Hm.«

»Lass das jetzt!«, schrie Levi, der mit der Situation von Minute zu Minute mehr überfordert war. Außerdem schmerzten seine Eier immer noch. Bastian wusste so langsam auch nicht mehr, was er dazu sagen sollte und schaute auf den Boden. Vielleicht hätte er sich doch etwas mehr auf den Einsatz vorbereiten sollen, anstatt alles seine Leute machen zu lassen. Alles „hätte, wäre, wenn" brachte ihn aber auch nicht weiter und der Junge tat ihm irgendwie leid. Die Möglichkeit, dass Levi überhaupt keine Lust auf seine Aufgabe haben könnte, hatte er nicht wirklich in Betracht gezogen.

»Hast du denn Lust?«, fragte Bastian nach einer Weile des gegenseitigen Anschweigens und traute sich nicht, Levi dabei anzusehen.

»Hm«, antwortete Levi und war sich alles andere als sicher. Natürlich hatte er keine Lust in absehbarer Zeit am Kreuz zu landen, wie auch immer das Kreuz in seiner Zeit aussehen würde. Doch die Aussicht, als Messias in die Geschichte einzugehen, war auch nicht schlecht. »Ich bin mir nicht ganz sicher.«

»Hm.«

»Und jetzt?«

»Was genau meinst du nun wieder mit „und jetzt"?«, fragte Bastian vorsichtig nach.

»Was soll ich denn machen? Habt ihr im Himmel einen Plan, mit dem es vielleicht besser laufen könnte, als vor zweitausend Jahren, oder bin ich genauso auf mich alleine gestellt wie mein Vorgänger?«

Bastian dachte nach und konnte sich nicht erinnern, dass es irgendein Handout gab, welches den groben Ablauf vorgegeben hätte. Er glaubte, sich ins Gedächtnis rufen zu können, dass man davon abgesehen hatte, um die Kreativität des Heilands nicht einzuschränken. Bastian entschloss sich aber, Levi jetzt nicht auch noch damit zu belasten.

»Du bereitest dich für die nächsten paar Jahre vor. Studierst einfach ein bisschen die Bibel und das Handbuch, prüfst was Jesus vielleicht hätte besser machen können und verhältst dich ruhig. Mach dir Gedanken, wie du die Menschen für unsere Sache gewinnen kannst, und halte dich lieber mit deiner Gabe ein wenig zurück. Menschen reagieren zuweilen etwas unkontrolliert, wenn sie sich Dinge nicht erklären können und vielleicht ist es auch besser für deine Eier.«

»Und was genau habe ich davon?«

»Ähh«, setzte Bastian an und kam nicht sofort auf eine Antwort. Langsam war er mit seinem Latein am Ende. Und Lust hatte er auch keine mehr.

»Schon gut«, erlöste ihn Levi. »Ich versuch mal, mich damit anzufreunden. Ich verspreche aber nichts.«

Bastian wusste nicht, ob das als Ergebnis seiner Mission reichen würde. Ein Versuch, mit der Aufgabe lediglich warm zu werden, könnte vielleicht ein wenig dürftig sein.

»Lass uns einen Deal machen«, sagte Bastian.

»Engel machen Deals?«, fragte Levi verblüfft. Ob er nun vorher an die Existenz von Engeln geglaubt hatte oder nicht, Bastian warf seine Vorstellung davon gründlich über den Haufen. Auf der einen Seite war er ihm ja irgendwie sympathisch. Auf der anderen Seite schien er doch ziemlich verwirrt und nicht immer Herr der Lage. Wahrscheinlich war gutes Personal auch im Himmel nicht immer leicht zu finden.

»Klar machen Engel Deals«, antwortete Bastian. »Was ist jetzt? Deal oder nicht?«

»Vielleicht sagst du mir vorher noch, um was es bei deinem Deal eigentlich geht.«

»OK, das ist ein Argument«, sagte Bastian und Levi musste schmunzeln. »Der Deal sieht folgendermaßen aus.« Bastian machte noch eine kleine Pause, um etwas Spannung aufzubauen und legte dann los. »Du versprichst mir, dich auf deine Aufgabe vorzubereiten und ich lasse dich die nächsten Jahre in Ruhe. Übertreibe es nicht mit dem Ausnutzen deiner Gabe für deine eigenen Bedürfnisse. Wenn es aber doch mal nötig wird, werde ich dich auch nicht verpfeifen. Deal?«

»Deal«, antwortete Levi knapp und fand die Vorstellung noch ein paar Jahre Ruhe zu haben ziemlich angenehm. Seine übernatürlichen Kräfte sparsam einzusetzen, machte ihm nichts aus, denn meistens ging die Sache ja eh in die Hose. Im wahrsten Sinne des Wortes. Er wollte sich auch tatsächlich intensiver mit seinem Vorgänger, der ja auch irgendwie sein Halbbruder war, beschäftigen. Obwohl die Vorstellung, ungefähr zweitausend Jahre jünger als sein Halbbruder zu sein, ziemlich befremdlich war. Wobei das in der Rangliste der Merkwürdigkeiten in den letzten Tagen erst noch einzuordnen wäre. Auf jeden Fall wollte er noch an diesem Tag damit beginnen, die Bibel komplett zu lesen. Dann wollte er weitersehen. Immerhin gab es ja auch noch dieses Handbuch.

»OK«, sagte Bastian und streckte Levi die Hand hin. »Dann bis demnächst. Ich bin dann mal weg.«

»Wie?«, fragte Levi. »Das war's? Keine hilfreichen Tipps mehr? Keine Ratschläge?«

Bastian legte die Stirn in Falten und tat so, als denke er nach. Wartete noch einen Moment und antwortete: »Nö.«

Levi schüttelte ihm die Hand und hätte sich dann plötzlich doch gewünscht, etwas besser vorbereitet worden zu sein. Er hatte keinen blassen Schimmer, wie er das ganz alleine hinkriegen sollte. Dann hielt Bastian doch noch kurz inne.

»Ach Levi. Eins noch.«

»Ja?«, fragte dieser, in der Hoffnung noch einen brauchbaren Rat zu bekommen.

»Halt die Ohren steif.«

»Hä?«, kommentierte Levi Bastians letzte Aussage und im nächsten Moment war der Engel verschwunden. Er drehte sich noch einmal nach allen Seiten um, für den Fall, dass Bastian mal wieder einen seiner Scherze abgezogen hatte, aber er tauchte nicht mehr auf. Jetzt stand er da. Hatte zwar ein paar Antworten auf Fragen bekommen, die ihn schon lange beschäftigten, war sich jedoch nicht ganz sicher, ob es manchmal vielleicht nicht doch besser gewesen wäre, in manchen Belangen einfach dumm zu bleiben.

Zum Leidwesen seiner Eltern entwickelte Levi ein immer größer werdendes Interesse am Christentum. Er ging freiwillig in die Kirche, bot sich für ehrenamtliche Tätigkeiten an, ohne dabei auf völlig idiotische pubertäre Aussetzer und Fehltritte zu verzichten. Hauptverantwortlich dafür war eigentlich eher sein bester Freund Louis, dem die ganze Sache mit der Kirche und so, ziemlich am Arsch vorbeiging. Trotzdem waren die beiden dicke Freunde geworden und Louis sorgte auf seine Weise für Levis Ausgleich zum Gutmenschendasein. Erst als Levi zuschauen musste, wie sein Freund auch sein zweites Mal vor seinem ersten Mal hatte, dachte er wieder ernsthaft über den Missbrauch seiner Gabe nach.

Kapitel 8

Bastian kam nach seiner Mission ziemlich zufrieden wieder im Himmel an, hatte sein gewonnenes Geld an einer sicheren Stelle gebunkert und es vorgezogen, Levi erst einmal nichts davon zu sagen. Das könnte er bei seinem nächsten Besuch immer noch und im Moment würde sein Schützling das Geld ja auch noch nicht benötigen. Den Bericht über seine Mission schmückte er hier und da ein wenig aus, an manchen Stellen ließ er unwichtige Dinge weg, aber im Groben gab er wahrheitsgetreu wieder, was er erlebt und erreicht hatte. Sogar sein Chef war angenehm überrascht. Er hatte schon eine mittlere Katastrophe befürchtet, konnte jedoch mit dem Ergebnis zufrieden sein. Gemeinsam mit Bastian hatte er gelegentlich ein Auge auf Levi geworfen und mit Freuden festgestellt, dass sich der Messias entgegen den Vorstellungen seiner Eltern, sehr im himmlischen Sinne entwickelte. Je öfter Levi die Kirche besuchte und ehrenamtlichen Tätigkeiten nachging, desto länger wurden die Abstände, in denen er beobachtet wurde. Daher ging es auch ein wenig unter, dass sein Kumpel Louis mit zunehmendem Alter immer mehr Einfluss auf Levi nahm. Immun war er nicht gegen natürliche und vor allem nicht gegen weibliche Reize, hatte aber irgendwie schlechtere Karten als Louis. Seit der Sache mit Sarah hatte er keinen erwähnenswerten Kontakt mehr zu Mädchen gehabt.

Bastian hatte nach seinem Erdenbesuch im Himmel vorsichtshalber einen Gang zurückgeschaltet, um einem Burn-out vorzubeugen. Wobei ein Gang zurück schon fast der Rückwärtsgang war. Bastian hatte zuerst auch keine Probleme damit, dass die Kollegen hinter vorgehaltener Hand über ihn lästerten. Die waren seiner Meinung nach eh nur neidisch. Und außerdem hatte er die Aussicht, in absehbarer Zeit wieder auf die Erde zu müssen. Dann würde auch die heiße Phase beginnen und Levis Mission auf Hochtouren laufen. Dafür wollte er sich ausruhen und mental vorbereiten. Er war gerade dabei, eben diese Tätigkeiten zu perfektionieren, als ihn ein Schrei hochschrecken ließ.

»BASTIAN!«, brüllte sein Chef durch das ganze Büro. Plötzlich war es mucksmäuschenstill und alle Engel spitzten die Ohren. Wenn Bastian laut gerufen wurde, versprach das immer recht interessant zu werden. Etwa vier Jahre war es her, dass er von der Erde erfolgreich zurückgekommen war und für seine Kollegen war es eh nur eine Frage der Zeit, bis die Sache aus der Spur laufen würde. Er hatte es bestimmt seit einem Jahr nicht mehr für nötig gehalten, nach Levi zu schauen. Schließlich war er ja auf einem guten

Weg. Und ein Jahr war so gut wie gar nichts, wenn man nicht mal mehr genau wusste, wie alt man eigentlich war. An den hoch motivierten Nachwuchsengel Fitus mit ausgeprägten Karriereambitionen hatte er allerdings nicht mehr gedacht. Der klebte jede freie Minute mit seinen Augen an Levi und wartete nur darauf, irgendetwas melden zu können. Mit dem, was er dann entdeckte, hatte er jedoch nicht gerechnet.

»Wann hast du das letzte Mal nach Levi gesehen?«, schrie Bastians Vorgesetzter weiter und schien kurz vor dem Platzen zu sein, wenn man die Farbveränderung seines Gesichtes beobachtete. Es dauerte übrigens ziemlich lange, bis Engel einen roten Kopf bekamen.

»Genau? Oder nur grob?«, fragte Bastian, obwohl er nichts davon wirklich beantworten konnte.

»Das ist mir scheißegal. Von mir aus auch halb grob.«

»Ist schon ein bisschen her«, antwortete Bastian und befürchtete schon, der Messias hatte bei einem Autounfall sein Leben verloren oder wäre zum Islam konvertiert.

»Definiere „ein bisschen"«, brüllte sein Chef weiter, berührte mit seiner Nase die von Bastian und er konnte von Glück reden, dass Engel keinen Mundgeruch hatten.

»Ein paar Monate.«

»Wie viele?«

»Könnten so um die zwölf gewesen sein.«

»Du Penner!« Sein Chef packte ihn an seinen Locken und zerrte ihn ins Nachbarbüro, wo die Überwachungsmonitore gerade Levi im Visier hatten. Ins Büro gezerrt werden, bedeutete definitiv nichts Gutes.

Levi hatte eine Weile mit sich gerungen, ob er es nun tun sollte, oder nicht. Zumindest beim ersten Mal. Er hatte Bastian versprochen, seine Gabe nicht zu missbrauchen. Nur in absoluten Notfällen. Irgendwann war es bei ihm wie bei einer Kröte gewesen. Eigentlich wandern sie nur, wenn es feucht ist oder regnet. Wenn der Liebesdruck allerdings zu groß wird, dann scheißt sogar der Frosch auf die Regeln und begibt sich trocken zum Laichplatz. Irgendwann war Levi ein Frosch, der schon viel zu lange auf dem Trockenen saß. Bei ihm konnte man auch schon nicht mehr von Liebesdruck sprechen. Es war mittlerweile ein ausgewachsener Samenstau, der nicht einmal mehr mit pausenloser Masturbation aufzulösen war. Er kam sich vor, wie ein triebgesteuerter Ganzkörperhoden, der kurz vor einer Monsterejakulation stand. Messias hin, Heiland her. Es war ein Notfall. Definitiv. Daran gab es nichts mehr zu rütteln. Er sagte sich, wenn er einmal für sich selbst sorgen würde und seinen Trieb dadurch wieder im Zaum halten könnte, wäre damit sogar der eigentlichen Sache gedient. Was sollte die Welt schließlich mit einem Messias, der nichts mehr auf die Reihe bringt, weil er nur noch an Sex denkt. Und so entschloss sich Levi mit gutem Gewissen, eine Frau klar zu machen. Er suchte extra eine, die ihn nicht kannte, aber bekannt dafür war, keinen von der Bettkante zu schubsen. Da würde es auf einen mehr oder weniger auch nicht ankommen. Levi erschlich sich quasi sein erstes Mal mithilfe unlauterer Mittel. Und es war gut. Sogar richtig gut.

Danach war er sogar schnell genug weggekommen und er bekam nicht mit, ob sie sich darüber wunderte oder nicht. Leider ging Levis Plan, was seine eigenen Triebe anging, nicht auf. Einmal Blut geleckt, wollte er immer mehr. Er vergaß zwischendurch sogar den ein oder anderen ehrenamtlichen Job, weil er damit beschäftigt war, Frauen zu suchen, die in sein Beuteschema passten. Immerhin bekam er dann doch ein schlechtes Gewissen und hoffte einfach, dass er irgendwann genug davon haben würde und mit dem Missionieren beginnen könnte. Levi war hin und hergerissen.

Auch er rechnete nicht mit Fitus. Der sah eine ganze Weile zu, dokumentierte die Fehltritte, und als Levi wieder einmal dabei war, seine Gabe zu missbrauchen, rief er den Chef.

»Was treibt der Junge da?«, schrie Bastians Chef immer noch mit mindestens hundert Dezibel.

»Weißt du das wirklich nicht?«, stellte Bastian die Gegenfrage.

»Natürlich weiß ich das!«

»Warum fragst du dann?«

Bastians Chef drehte aus purer Verzweiflung ein paar Loopings, um Dampf abzulassen. Er zischte durch die Luft, wie ein Luftballon, den man nach dem Aufblasen nicht zusammengeknotet hatte.

»Er ist der Messias«, brüllte er weiter. Die Loopings hatten wohl überhaupt nichts bezüglich seines Nervenkostüms gebracht. »Er soll keinen Sex haben. Was glaubst du, was los ist, wenn die Frau schwanger wird?«

»Jetzt sag bloß, ihr habt nicht dran gedacht, schon im Vorfeld dafür zu sorgen, dass er keine Nachkommen zeugen kann.«

Bastians Chef wurde allmählich ruhiger. Ihm fiel ein, dass er damals sogar für so eine Vorsichtsmaßnahme gekämpft hatte, aber leider nicht damit durchkam.

»Seit es hier diese verdammte Ethikkommission gibt, kann man doch überhaupt nichts mehr über den kurzen Dienstweg regeln. Mit so etwas brauchst du heutzutage gar nicht mehr kommen.«

»Na prima«, sagte Bastian. »Und jetzt?«

»Keine Ahnung. Hast du eine Idee?«

»Ich geh runter«, antwortete Bastian nicht ganz uneigennützig. Schließlich hatte er jetzt Geld für ein

Hotelzimmer. Und die ewigen Lästereien seiner Kollegen gingen ihm dann mit der Zeit doch etwas auf die Nerven.

»Ist eigentlich erst in zwei Jahren wieder genehmigt.«

»Na und? Das ist doch schließlich ein Notfall.«

»Auch wieder wahr.«

»Dann soll ich also los?«

»Meinetwegen. Aber sieh zu, dass du den Jungen wieder auf den Pfad der Tugend bringst. Das ist doch kein Zustand für einen Messias.«

»Das eine schließt das andere doch aber nicht aus.«

»BASTIAN!«, schrie sein Chef jetzt plötzlich wieder.

»Was denn?«

»DER MESSIAS HAT DEN KLEINEN MESSIAS GEFÄLLIGST IN DER HOSE ZU LASSEN.«

»Vielleicht mit Kondom?«

»AAAAAAAHHHHHHHHHHHHH«, war das letzte, was Bastian von seinem Chef gehört hatte, während er ihn wild gestikulierend zum Gehen aufforderte.

Bastian machte sich auf den Weg und kam gerade im gewohnten Mafia-Outfit auf Levis Bettkante an, als dieser sich von seiner neusten Eroberung rollte.

»Heilige Scheiße!«, schrie Levi, stand kurz vor einem Herzstillstand und zog sich die Decke über den kleinen Messias. »Was willst du denn hier?«

Bevor Bastian antworten konnte, fragte sich die Frau neben Levi, da dieser gerade keinen Gedanken mehr an sie verschwendete, was sie hier eigentlich tat. Sie sprang auf, wollte wegrennen, entschied sich aber nochmal um und verpasste Levi vor dem Gehen noch einen satten Tritt mit ihrem nackten Spann, direkt auf seine Nase.

»Wir müssen reden«, sagte Bastian und Levi fragte sich, ob er zwangsläufig jedes Mal Schmerzen haben würde, wenn dieser verdammte Engel diesen Satz sagte.

Kapitel 9

»Warum habe ich jedes Mal Schmerzen, wenn du mit mir reden willst?«, fragte Levi barsch und hielt sich die blutende Nase. Seine Eroberung, wenn man das überhaupt so nennen konnte, hatte sich sofort nach ihrer Kampfkunsteinlage verdrückt. Bastian antwortete nicht, sondern legte einfach zwei Finger auf die heilige Nase. Die Blutung stoppte und der Schmerz verflog. Sofort fiel Levi wieder der Tritt in seine Nüsse ein, den er vor Jahren kassiert hatte, als er Sarah mit seiner Gabe zu einem Kuss genötigt hatte.

»Warum hast du mir damals nicht gleich den Schmerz aus meinen Eiern gezaubert?«, wollte Levi wissen, anstatt sich einfach nur zu freuen.

»Erziehungsmaßnahme«, antwortete Bastian knapp.

»Du bist aber nicht auch noch mit mir verwandt, oder?«, hakte Levi nach und wollte eigentlich gar nicht darüber nachdenken, wie die himmlischen Familienverhältnisse waren.

»Das Thema ist etwas komplizierter.«

»Ich kann mich nicht daran erinnern, mit dir schon mal ein leichtes Thema gehabt zu haben«, bemerkte Levi. »Da ist die Sache mit meiner Entstehungsgeschichte, die zumindest in meinen Augen ziemlich kompliziert ist. Du beamst dich einfach in mein Leben, wie die Jungs aus Star Trek von einem Stern auf den anderen. Ich soll mal nebenbei die Welt retten und dann ist die Lebenserwartung eines Messias' nicht gerade hoch. Was bitteschön war mit dir bisher einfach?«

»Hm«, brummte Bastian und stützte sein Kinn auf die Faust.

»Mach nicht schon wieder ständig dieses „Hm". Das macht mich wahnsinnig.«

Bastian machte gar nichts mehr. Levi schaute ihn an, denn auch das war ihm nicht recht.

»Hallo?«

»Hallo!«, antwortete Bastian abwesend und dachte gerade darüber nach, wo er den Gewinn seiner letzten Pokernacht auf der Erde gebunkert hatte. Er wollte sich bei seinem nächsten Erdenbesuch schließlich ein Hotelzimmer gönnen. Am besten eins mit Whirlpool. Wenn er schon mal ohne diese verdammt schlecht trocknenden Flügel unterwegs war. Warum konnte er eigentlich seine Flügel nicht automatisch trocknen, wenn er Levis Nasenbluten stoppen konnte? Genauso wenig konnte er etwas gegen seine eigenen Kopfschmerzen machen. Wer immer sich das auch ausgedacht hatte, muss ein ziemlicher Idiot gewesen sein. Die Nase hätte auch irgendwann von alleine aufgehört zu bluten.

»Hallo?«, startete Levi den nächsten Anlauf und schaute sich um, ob nicht vielleicht irgendwo Kameras installiert waren. Womöglich gab es ja im Himmel auch so etwas wie „Verstehen sie Spaß" und ein Kurt Felix mit Flügeln wartete schon vor der Tür.

»Warum sagst du immer Hallo?«, fragte Bastian, der mittlerweile den Faden völlig verloren hatte und immer noch nicht wusste, wo sein Geld versteckt war.

»Willst du mich eigentlich verarschen? War dir langweilig da oben, oder was verschafft mir die Ehre deiner Gesellschaft?«

»Ich weiß nicht, was du meinst.«

»Was willst du von mir?«, rief Levi. »Warum sitzt du auf meiner Bettkante, wenn ich neben einer Frau liege?«

»Aah«, antwortete Bastian und plötzlich fiel ihm auch wieder ein, warum er hier war. Die Frau in Levis Bett war ja der Stein des Anstoßes gewesen. »Genau das ist der Punkt.«

»Hä?«

»Na die Frau in deinem Bett«, erklärte Bastian. »Glaubst du, die sehen im Himmel nicht, was du hier unten treibst?«

»Bin ich der Papst? Unterliege ich etwa auch dem Zölibat? Wo bitte soll ich meine Motivation hernehmen, wenn ich überhaupt nichts darf?«

Schon wieder eine Gegenfrage, auf die Bastian im ersten Moment keine Antwort wusste. Und irgendwie hatte Levi ja recht. Dieses fragwürdige Zölibat war ja keine Erfindung des Himmels.

»Ich denke nicht«, sagte Bastian vorsichtig, da er sich seiner Sache nicht ganz sicher war. »Trotzdem sehen es die da oben nicht gerne, wenn du ständig den kleinen Messias in irgendwelche Frauen steckst. Ganz zu schweigen davon, dass du ja ganz offensichtlich nicht ohne zu bescheißen an die Weiber kommst. Das gibt doppelt Minuspunkte.«

»Eins zu null für dich«, antwortete Levi und musste sich zumindest eine Teilschuld eingestehen. Die Sache mit dem Samenstau und so war wohl auch keine Wahnsinnserklärung. Erklärung vielleicht, aber wahrscheinlich keine ausreichende Entschuldigung. Bastian näherte sich Levis Ohr und flüsterte.

»Ich kann dich verstehen. Jeder hat eben ein Laster, aber du musst das irgendwie anders machen.«

»Und wie?« Hoffnung keimte in Levi auf.

»Weiß ich nicht.«

»Toll!«

»Hast du wenigstens ein Kondom benutzt?«

»Ich bin ja nicht doof.«

»Ich wollte nur auf Nummer sicher gehen. Seit der Ethikkommission ist das alles nicht mehr ganz so einfach.«

»Der Himmel braucht ne Ethikkommission?«

»Nur die Ethikkommission braucht die Ethikkommission. Sonst will die eigentlich auch bei uns niemand haben. Aber irgendwann war sie plötzlich da und keiner kann sich mehr richtig daran erinnern warum.«

»Oh Mann«, stöhnte Levi. »Was seid ihr da oben nur für ein merkwürdiger Haufen. Und ihr seid euch sicher, dass ihr die Lage im Griff habt?«

»Ähh«, stockte Bastian und musste zugeben, dass die Frage nicht ganz unberechtigt war. Zumindest lief in der Vergangenheit gerade in seinem Verantwortungsbereich ja nicht gerade alles rund.

»Na Prima«, fuhr Levi fort. »Und ich soll für euch die Kohlen aus dem Feuer holen?«

Bastian erinnerte sich an die letzte Hausmitteilung, bevor beschlossen wurde, den Messias wieder auf die Erde zu schicken. Und eigentlich sollte ja auch Jesus den Job wieder übernehmen, aber der redete sich damit raus, schon genug getan zu haben und pochte auf seine Pensionsansprüche. Bastians Gedanken drifteten schon wieder ab und er fragte sich, warum Jesus diese Ansprüche hatte und er nicht? Nur wegen so einer Kreuzigung? Vielleicht sollte er sich auch kreuzigen lassen.

»Hallo?«, rief Levi schon wieder. »Hast du irgendwas dazu zu sagen?«

»Ach so, ja«, antwortete Bastian und die Hausmitteilung fiel ihm wieder ein. »Das Management dachte, bei sinkenden Mitgliederzahlen in den Kirchen und immer weiter schwindendem Glauben, wäre es an der

Zeit, Gegenmaßnahmen einzuleiten. Das Ergebnis davon warst du. Soweit die Kurzfassung.«

»Das Management?«

»Das Management!«

»Das wird ja immer besser. Erst stellt sich heraus, dass mein Vater gar nicht mein Erzeuger ist und jetzt kommt auch noch heraus, dass ich das Produkt einer Managementbesprechung bin. Was kommt denn als Nächstes? Ist meine Mutter vielleicht eine Außerirdische, weil Menschen nicht in der Lage sind, Gottes Samen auszutragen?«

Bastian seufzte und fragte sich, warum Levi sich nicht einfach in sein Schicksal fügen konnte und endlich anfing, seiner Aufgabe nachzugehen? Vielleicht war es doch keine gute Idee gewesen, sich auch für den zweiten Erdeneinsatz freiwillig zu melden. Im Moment würde er jedenfalls nicht weiterkommen und entschloss sich, die Sache anders anzugehen.

»Lass uns was trinken gehen«, antwortete Bastian, ging damit überhaupt nicht auf Levis Frage ein und wollte sich dabei überlegen, wie er diesen Penner von einem Heiland den Wünschen seines Arbeitgebers entsprechend zurechtrücken könnte. Wenigstens war ihm nebenbei wieder eingefallen, wo er die Kohle gebunkert hatte.

»Von mir aus«, stimmte Levi zu. Er hatte auch keine Lust mehr über dieses Thema zu reden. Auch wenn er genau wusste, dass Bastian sicherlich nicht die Bundesligaergebnisse vom Wochenende bei einem Bierchen mit ihm diskutieren würde. Er suchte seine Klamotten zusammen und verdrückte sich ins Bad.

»Beweg dich nicht«, wies er Bastian an. »Meine Eltern sind wohl gerade nach Hause gekommen. Ich habe die Haustüre gehört.«

»Alles klar«, antwortete Bastian und hob beschwichtigend die Hände. »Ich rühr mich nicht von der Stelle.«

Levi zog sich an, machte aus seiner Frisur das beste und stellte zufrieden fest, dass die Pickel langsam weniger wurden. Wenigstens war er schon fertig gewesen, als seine männliche Anstandsdame auf seiner Bettkante aufgetaucht war. Das kurze Grinsen wich sofort wieder einem angespannten Gesichtsausdruck, als er aus dem Bad hören konnte, wie es an seine Zimmertüre klopfte.

»Ich ...«, setzte er an, kam aber nicht mehr dazu, den Versuch, seine Eltern ins Bad zu lotsen, erfolgreich zu Ende zu bringen. Die gingen fälschlicherweise davon aus, Levis Stimme wäre aus seinem Zimmer gekommen und stürmten gemeinsam durch die Tür. Doch da stand nicht ihr Sohn, sondern Bastian. Im tadellos geglätteten Nadelstreifenanzug und schwarzen Lackschuhen. Die Haare mit Pomade an die Kopfhaut geklebt und mit einem merkwürdigen Grinsen im Gesicht.

»Ich kann das erklären«, rief Levi aus dem Bad und wusste im ersten Moment aber selbst noch nicht, wie er das anstellen sollte. Von Bastian war in diesem Moment auch keine Hilfe zu erwarten. Er hatte zwar schon einiges erlebt, doch diese Situation war sehr befremdlich für ihn. Daher beschränkte er sich darauf weiter zu lächeln und zu warten, bis Levi ihn erlösen würde.

Kapitel 10

»Das gibt's doch gar nicht!«, fluchte Bastians Chef in der Überwachungszentrale des Himmelmanagements und raufte sich die Engelslocken. »Wenn der so weitermacht, fliegen wir noch auf.«

Damit meinte er natürlich die Existenz von Engeln. Nicht die Aktion an sich. Die sollte ja schließlich irgendwann in aller Munde sein, und die Menschheit vor dem Untergang bewahren. Auch wenn in unendlich vielen Geschichten die tollsten Beschreibungen von Engeln, die teilweise gar nicht so schlecht waren, auftauchten, wäre die Bestätigung dessen, für die Welt in deren jetzigem Zustand, kaum zu verstehen. In einer Zeit, in der zwischen Himmel und Erde schon jeder Kubikzentimeter Luft erforscht worden war, könnte das ungeahnte Ausmaße annehmen. Es würde vielleicht sogar das gesamte Weltbild der Menschheit durcheinanderbringen. Obwohl eigentlich noch nichts passiert war, das diese Angst begründen könnte, hatte Bastians Chef ein unglaublich komisches Gefühl bei diesem Anblick. Bastian mit den Eltern von Levi in einem Zimmer. Und dann auch noch in dem Aufzug. Er hätte ihm verbieten sollen, dieses dämliche Outfit zu wählen.

»So blöd wird er ja nun auch wieder nicht sein«, sagte ein älterer Engel, der zwar auch Zweifel an Bastians Ehrgeiz hegte, aber nicht an dessen Intelligenz. Nur weil einer intelligent war, musste er ja noch lange keine Karriereambitionen haben. Oder andersherum.

»Meinst du?«

»Mein ich.«

»Und was, wenn doch?«, warf nun Fitus ein, der die ganzen Fehltritte Levis ja erst aufgedeckt hatte. Er war intelligent und hatte sehr ausgeprägte Karriereambitionen. Was wiederum nicht so gut für Bastian war. Plötzlich waren mehrere Augenpaare auf den Nachwuchsengel mit besten Zeugnissen gerichtet. Für viele war er einfach nur ein blöder Streber. Weiter oben in der Führungsetage wurde er allerdings, aufgrund seiner exzellenten Prüfungsergebnisse, schon als Nachwuchsführungskraft gehandelt. Das hielt in diesem Moment Bastians Chef gerade noch davon ab, ihn lautstark zurechtzuweisen, gefälligst die Klappe zu halten, wenn die älteren Engel diskutierten. Dieser kleine Scheißer. Bastian alleine wäre mit Sicherheit noch irgendwie mitzuschleppen gewesen, wenn dieser Fitus nicht ständig den Drang gehabt hätte, die Vorschriften bis ins Detail einzuhalten. Er war der Korinthenkacker in Perfektion und Bastians Chef überlegte, wie er das regeln konnte. Auch nach längerem Schweigen fiel ihm keine richtig gute

Lösung ein und er entschloss sich, Bastian nun für sich selbst sorgen zu lassen und Fitus seinem Sorgenkind hinterherzuschicken. Bastian hätte seinen Aufpasser und er endlich diesen penetranten Klugscheißer vom Hals. Zumindest für eine Weile. Bastian würde das Schiff schon schaukeln. Das redete sich zumindest sein Chef ein, um das schlechte Gewissen zu verdrängen. Wenn er etwas konnte, dann war es definitiv das Meistern brenzliger Situationen.

Kapitel 11

Levis Mutter wusste nicht, nach was sie zuerst fragen sollte. Nach dem merkwürdigen Italiener im Zimmer ihres Sohnes? Oder nach der jungen Frau, die im Stechschritt und ohne zu grüßen, vor dem Haus an ihnen vorbeigestürmt war? Die Frau machte im Vergleich zum Italiener einen ziemlich zerzausten Eindruck. Der Anzugträger mit den Lackschuhen sah dagegen aus, als wäre er gerade einem Modekatalog entsprungen. Auch wenn es sich hierbei wohl eher um Randgruppenmode handeln musste.

»Bastian ist ein Bekannter von früher«, sagte Levi, kam seiner Mutter zuvor, verwirrte sie damit aber noch mehr. Wieso früher? Früher war Levi ein Kind und dieser Mensch in seinem Zimmer schon ziemlich alt. Also im Vergleich zu Levi.

»Wie? Früher?«, fragte Levis Mutter verdutzt und verstand überhaupt nichts mehr.

»Von der Schule. Er war mal mein Lehrer«, versuchte Levi zu erklären.

»Und jetzt?«, wollte seine Mutter wissen und ließ einfach nicht locker. »Machen sie Hausbesuche bei ehemaligen Schülern, oder warum stehen sie im Zimmer meines Sohnes?«

Bastian wollte sich eigentlich komplett raushalten, aber das ging jetzt wohl nicht mehr. Er überlegte kurz, war umgehend stolz auf sich, weil ihm sofort wieder eine geniale Ausrede eingefallen war, und setzte ein zufriedenes, aber leicht debil wirkendes Grinsen auf.

»Ich habe meinen Schülern angeboten, dass sie mich jederzeit fragen können, wenn sie ein Problem haben.«

»Aha.« Levis Mutter wandte sich nun wieder ihrem Sohn zu. »Und was für ein Problem hast du?«

Levi machte große Augen, wusste im ersten Moment nicht, was er antworten sollte und dachte plötzlich an den Grund von Bastians auftauchen.

»Biologie.«

»Biologie? Ich dachte, das hast du in der Oberstufe abgewählt. Und außerdem sind doch die Prüfungen gerade erst gewesen.«

Blitzartig ergriff Bastian wieder das Wort. »Ist es nicht bewundernswert, dass ihr Sohn selbst über die Grenzen des Unterrichts hinaus, an solchen Themen interessiert ist?«

»Hat die junge Frau, die uns draußen fast umgerannt hat, auch etwas mit eurem Biologieunterricht zu tun?«

»Sie hatte die gleichen Fragen«, antwortete Bastian und Levis Mutter ließ endlich locker. Scheinbar waren ihr endlich die Fragen ausgegangen. Oder es war ihr zu blöd geworden. Wie auch immer. Sie zog ein letztes Mal die Augenbrauen hoch, sah zu ihrem Mann und verschwand mit ihm im Wohnzimmer.

»Das war knapp«, seufzte Levi. »Ich hab schon befürchtet, sie denkt ich wäre schwul und stehe auf ältere Männer.«

»Wieso ältere Männer?«, hakte Bastian nach.

»Ach nichts. Lass uns gehen.«

Die beiden gingen ein paar Schritte und machten es sich bei schönem Wetter in einem Biergarten gemütlich.

»Wie weit bist du mit deinen Vorbereitungen?«, wollte Bastian wissen.

»Welche Vorbereitungen?«

»Hallo? Du hast eine Aufgabe!«

Levi grinste und winkte ab. »Weiß ich doch. Mit der Bibel bin ich durch, hab mir grob rausgeschrieben, was mein Halbbruder nicht beachtet hat, einen Missionsplan erstellt und jede Menge christliche Ehrenämter übernommen. Selbst dein Handbuch habe ich gelesen. Ich weiß zwar nicht ob es hilft, aber es war lustig.«

»Prima«, freute sich Bastian und sah sich schon wieder beim Kartenspielen, weil die Sache ganz offensichtlich rund lief. Levi war vorbildlich an die Sache rangegangen und seine Maßnahmen, ihn in die richtige Richtung zu leiten, würden sich in Grenzen halten. Dachte Bastian zumindest, bis Levi weitersprach.

»Aber ich sag es dir ganz ehrlich«, fuhr er fort. »Die Sache ist ziemlich aussichtslos. Ich sehe keine guten Chancen, die Massen zu mobilisieren. Wer zu viel Gutes tun will, landet auch heute noch sprichwörtlich auf dem Scheiterhaufen und da hab ich keine Lust drauf. Ich überleg mir das nochmal.«

»Was überlegst du dir?«, fragte Bastian in der Hoffnung, diese Aussage falsch gedeutet zu haben. Obwohl es ja eigentlich überhaupt nichts falsch zu deuten gab.

»Na die Sache mit meiner Aufgabe. Mich hat ja keiner gefragt. Und ich glaube zwingen könnt ihr mich nicht, oder?«

»Ähh«, setzte Bastian an und stockte. Könnte er Levi zwingen? War das zulässig? Er hatte keine Ahnung. Mit so etwas hatte ja auch keiner gerechnet. Vielleicht hatte der falsche Mutterleib doch Auswirkungen auf den Charakter und die Sache würde erheblich schwieriger werden als gedacht. Selbst wenn er ihn zwingen dürfte, war es fragwürdig, inwieweit die Sache dann überhaupt Sinn machen würde. Wer will schon einen Messias, der keine Lust hat?

»Dachte ich mir«, sagte Levi mit einem zufriedenen Gesichtsausdruck.

Während Bastian angestrengt darüber nachdachte, wie er seinen Schützling wieder für die Sache gewinnen konnte, kam plötzlich ein extrem modern gekleideter und gut aussehender Mann auf ihn zu. Und der schaute ihm auch noch direkt ins Gesicht. Warum, konnte er sich nicht erklären. Schließlich kannte ihn hier ja keiner. Oder doch? Hatte der vielleicht etwas mit den Jungs aus dem Hinterzimmer von seinem letzten Erdenbesuch zu tun? Konnte eigentlich nicht sein, dafür war er zu jung.

»Hallo Levi«, sagte dieser Jüngling, der aussah als wäre er einer Boygroup entsprungen. Er streckte Levi die Hand hin, dieser schüttelte sich auch, schaute aber fragend aus der Wäsche. Er kannte ihn auch nicht. »Hallo Bastian«, fügte er hinzu und jetzt verstanden die beiden überhaupt nichts mehr. Konnte es tatsächlich jemanden geben, der sie beide kannte?

»Und du bist wer?«, fragte Bastian, der seinen jungen Kollegen natürlich aufgrund des frei wählbaren Äußeren für Erdenbesuche nicht erkennen konnte.

»Fitus«, sagte dieser direkt und setzte ein breites Grinsen auf. Die Freude lag aber wohl allein auf seiner Seite. Außer ihm grinste niemand.

»Fitus?«, hakte Bastian nach, in der Hoffnung, es würde auf der Erde einen Fitus geben, der ihn und Levi aus irgendeinem Grund kennen könnte. Auch wenn die Chance auf einen Sechser im Lotto weitaus höher war.

»Fitus?«, fragte auch Levi ziemlich verwirrt. »Ich kenne keinen Fitus. Kennst du einen Fitus, Bastian?«

»Ich befürchte schon«, antwortete er und wusste noch nicht so recht, was er von der ganzen Sache halten sollte. Recht war es ihm jedenfalls nicht, soweit war er schon. Da Fitus aber nie lange etwas für sich behalten konnte, würde es bestimmt nicht lange dauern, bis dieser Streber ihn und den Messias, der gerade gar keiner mehr sein wollte, erleuchten würde.

»Immer wieder zu Späßen aufgelegt«, kommentierte Fitus Bastians Aussage und schlug sich in Verbindung mit einem übertriebenen Lachen auf den Schenkel.

»Was willst du hier?«, fragte Bastian nun direkt, weil er überhaupt keine Lust auf irgendwelche Spielchen hatte. Die Sache war gerade sowieso schon schwer genug, der Spaßfaktor seiner Dienstreise in weite Ferne gerückt und jetzt taucht auch noch dieser Penner von einem Nachwuchsengel auf. Das konnte nichts Gutes zu bedeuten haben.

»Ich werde dich unterstützen«, frohlockte Fitus und tiefe Sorgenfalten breiteten sich auf Bastians Stirn aus.

»Oh je«, antwortete dieser und war ganz offensichtlich deutlich weniger davon angetan, als sein junger Kollege. Das war so ziemlich das letzte, was er brauchen konnte. »Auf wessen Mist ist das denn gewachsen?«

»Jetzt sei mal nicht unhöflich. Das war die Idee unseres Chefs«, entgegnete Fitus und verzichtete natürlich darauf Bastian zu sagen, dass er sich förmlich aufgedrängt hatte.

Ganz langsam fing auch Levi an zu verstehen. Eigentlich war er davon ausgegangen, dass ihn nichts mehr schocken konnte, aber irgendwie kam immer wieder etwas.

»Moment mal«, warf Levi ein. »Sehe ich das richtig, dass ihr beide Engel seid und euer Chef den einen dem anderen hinterherschickt, weil er euch nicht traut? Und seid ihr da oben eigentlich eine Firma, oder ist es das, was wir hier unten als Himmel bezeichnen?«

»Ähh«, setzte Bastian an und musste aufhören, bevor er angefangen hatte, da ihn wieder die Tatsache einholte, dass er auch beim Seminar zur Aufbau- und Ablaufstruktur des Himmelmanagements gepennt hatte. Wie auch auf so ziemlich allen Seminaren, die er besuchen musste, um nicht irgendwann als Büroputze zu enden. Fitus wusste natürlich über alles Bescheid und zögerte auch keine Sekunde, sein Wissen preiszugeben. Bastian rollte die Augen und lehnte sich zurück.

»Auch im Himmel muss alles organisiert sein. Ohne straffe Strukturen kommen wir mit unserem Arbeitspensum nicht durch und die Abläufe würden sich gegenseitig behindern. Auch wir haben dazugelernt und sind nun deutlich besser aufgestellt, als das früher der Fall war.«

Fitus sinnierte noch eine ganze Weile über Managementebenen, Strukturen, Abläufe und sonstigen Kram, der Bastian bisher nicht die Bohne interessiert hatte. Nicht, dass es mittlerweile anderes wäre. Doch irgendwie schien dieser Pedant zu einem ernsthaften Problem zu werden. Alles hätte locker ablaufen können. Aber nein, sie mussten ihm ja diesen Grünschnabel hinterherschicken. Levi hörte dagegen aufmerksam zu und es keimte die Hoffnung in ihm auf, dass seine Befürchtungen bezüglich der Erfolglosigkeit und seinem Ende am Kreuz, vielleicht durch Fitus zerstreut werden könnten und die Sache doch nicht ganz so aussichtslos wäre, wie gedacht. Allerdings dauerte es noch eine ganze Weile, bis Fitus fertig war. Bastian bestellte sich aus purer Verzweiflung schon das vierte Bier.

»Ich hätte mal ne Frage«, begann Levi.

»Immer raus damit«, forderte Fitus ihn auf, setzte wieder sein bescheuertes Boygrouplächeln auf, in das Bastian liebend gerne sein Bier geschüttet hätte, und lehnte sich entspannt zurück.

»Vor zweitausend Jahren ist die ganze Sache ja nicht wirklich rund gelaufen. Zumindest hatte damals mein Halbbruder nur beschränkt Erfolg und wurde bekanntermaßen auf unschöne Weise aus dem Leben gerissen. Heute seid ihr ja erheblich weiter, deutlich besser organisiert und vor allem gehe ich davon aus, dass ihr einen genauen Plan habt, wie die Menschen des 21. Jahrhunderts zu begeistern sind. Ihr habt doch sicherlich Machbarkeitsstudien erstellt, die den Erfolg der Mission prozentual vorhersagen können. Bastian hat zwar gemeint, ich soll einfach kreativ sein, aber ihr habt doch bestimmt etliche Szenarien durchgespielt, oder?«

Levi und Bastian schauten gespannt auf Fitus. Komischerweise kam nichts. Keine Antwort. Stattdessen war es nun die junge Stirn des Möchtegernchefs, die sich in Falten legte. Die Mundwinkel zuckten und Fitus kratzte sich nervös am Hals.

»Hallo?«, rief Levi und Bastian hatte Hoffnung, dass sein strebsamer Kollege dieses Mal auch keine Antwort parat hatte. »Ich warte.«

Fitus rührte sich noch immer nicht und Bastians Gesichtsausdruck wurde immer zufriedener.

»Das glaub ich jetzt nicht«, empörte sich Levi. »Sag bloß du hast auch keine Ahnung.«

»So kannst du das nicht sehen.« Fitus hatte zwar endlich etwas gesagt, aber nicht das, was Levi hören wollte. Fitus schaffte es komischerweise trotzdem wieder, seine überhebliche Art aufzusetzen. »Ich bin diesbezüglich nicht bis ins letzte Detail instruiert, gehe aber davon aus, dass alles korrekt in die Wege geleitet wurde.«

»Ihr seid echt zwei Komiker«, sagte Levi, stand auf und ließ die Engel sitzen.

»Was hast du vor?«, rief Fitus hinterher und musste sich eingestehen, dass sein erster Versuch nicht ganz perfekt gelaufen ist. Anstelle einer Antwort streckte ihm Levi, ohne sich dabei umzudrehen, den Stinkefinger entgegen.

»Glückwunsch«, sagte Bastian. »Das hast du ja prima hinbekommen.«

»Hör auf so dämlich zu grinsen«, entgegnete Fitus.

Bastian grinste noch mehr und freute sich diebisch über die peinliche Situation seines Kollegen.

»Und jetzt? Wie ist dein Plan?«

»Tu nicht so selbstgefällig. Wenn du nicht aufpasst, bekommst du sowieso gewaltig Ärger.«

»Warum? Weil du mich in die Pfanne haust?«, brauste Bastian plötzlich auf. Ihm ging dieses Gehabe gewaltig auf den Wecker und er hatte überhaupt keine Lust, sich von diesem Streber hier überwachen zu lassen.

»Ich berichte nur, was ich sehe.«

»Leck mich doch am Arsch«, rief Bastian, stand auf und ließ Fitus einfach sitzen.

»Wo willst du hin?«

»Ins Hotel«, antwortete Bastian, zeigte ihm ebenfalls den Stinkefinger und freute sich wenigstens darüber, dass ihm das Versteck seiner Beute vom letzten Pokerabend wieder eingefallen war.

Noch bevor Fitus sich dazu äußern konnte, stand plötzlich ein Kellner bei ihm, der verhindern wollte, dass auch noch der letzte Gast des Tisches verschwand, ohne die Rechnung zu bezahlen. Bastian konnte zwar von Weitem nicht mehr verstehen, was die beiden miteinander redeten, sah aber ganz deutlich, dass der feine Fitus ziemlich in Bedrängnis war. Bastian rieb sich zufrieden die Hände und freute sich auf das Kabelfernsehen im Hotel.

Kapitel 12

Während Levi versuchte die beiden Engel aus seinen Gedanken zu verbannen und sich noch ein wenig auszuruhen, um am Abend ordentlich auf den Putz hauen zu können, versuchte Fitus mittlerweile einem Polizeibeamten auf dem nächsten Revier die Sache mit der Zechprellerei zu erklären. Das klappte aber nicht und da er natürlich als Engel keinen Personalausweis dabei hatte, weder Wohnort noch Arbeitsstelle angeben konnte und auch kein Geld zum Begleichen der Rechnung dabei hatte, musste er, genau wie Bastian bei seinem letzten Erdenbesuch, in die Zelle. Das volle Programm inklusive volltrunkenem Zellengenossen. Da Fitus die Vorschriften bis zum Äußersten auslebte, ließ er sich natürlich nicht einfach so vor den Augen eines Besoffenen verschwinden und harrte aus.

Zur gleichen Zeit saß Bastian, nachdem er in seiner Suite ein Bad im Whirlpool genommen hatte, wieder einmal an einem verbotenen Pokertisch. Es war wieder dieses Hinterzimmer, in dem er sich vor Jahren ein kleines Vermögen erspielt hatte. Glücklicherweise waren die Spieler nicht dieselben, aber das wäre auch kein ernsthaftes Problem gewesen. Die Gedanken und Handlungen seiner Mitspieler hätte er so oder so beeinflussen müssen. Wahrscheinlich hätten sich die ziemlich einfach gestrickten Hobbyganoven aber sowieso nicht mehr an ihn erinnern können. Doch an diesem Tag war alles anders. Komischerweise machten nicht alle, was er wollte. Im Gegenteil. Er war es, der einen herben Mist zusammenspielte. Zum Glück hatte er nicht sein ganzes Geld dabei, sonst hätte er wohl die nächsten Nächte wieder auf der Parkbank oder in einem Baum verbringen können. Das Schlimme an der Zockerei war ja, dass er nie aufhören konnte. Immer wieder dachte er, das Spiel noch einmal drehen zu können. Kurz bevor er überhaupt kein Geld mehr hatte, geschah plötzlich etwas Merkwürdiges.

»Was hältst du davon, auf die andere Seite zu wechseln?«, fragte der Spieler neben ihm.

»Wie bitte? Was meinst du damit?«, fragte Bastian und wusste beim besten Willen nicht, was dieser dubiose Mensch, der auch einen ganz eigentümlichen Geruch an sich hatte, meinte.

»Überleg mal. Was könnte denn die andere Seite sein?«

Bastian hasste es, wenn Fragen mit Gegenfragen beantwortet wurden. Sehr verwirrend war, dass diese Unterhaltung wohl an den anderen Mitspielern komplett vorbeiging. Es war, als hätte bei ihnen jemand die Pauste-Taste betätigt. Sie saßen einfach nur da und schauten ziemlich dämlich aus der Wäsche. Bei einem seilte sich gerade ein Speichelfaden aus dem linken Mundwinkel ab, der andere rieb pausenlos seine Nase zwischen den Fingern, wurde damit aber irgendwie nie fertig.

»Keine Ahnung«, antwortete Bastian, der immer noch auf dem Schlauch stand. Eigentlich hatte er auch gar keine Lust vom Schlauch wieder runterzugehen. Er wollte viel lieber wieder sein Geld zurückgewinnen.

»Mann bist du schwer von Begriff«, stöhnte der andere. »Das kann doch nicht so schwer sein. Wir könnten einen wie dich gebrauchen, Engel Bastian.«

Bei Bastian gingen plötzlich alle Alarmglocken an. Woher wusste er, dass er ein Engel war? Warum konnte er mit ihm reden und keiner konnte es hören? Und warum zum Geier gewinnt dieser Typ die ganze Zeit? Eine Frage nach der anderen schoss ihm durch den Kopf. Und dann wieder dieser Geruch. Bastian versuchte es einzuordnen. Schwefel. Endlich verstand Bastian, was die andere Seite war. Bevor er über die Sache an sich nachdenken konnte, hatte er erstmal Angst.

»Bist du der Teufel?«, fragte Bastian unvermittelt. Am liebsten hätte er sich auf die Zunge gebissen. Was war das denn für eine dämliche Frage? Er konnte doch nicht einfach den Teufel fragen, ob er der Teufel ist. Oder doch? Er war verwirrt und hochgradig nervös. Der Mann mit dem Schwefelgeruch grinste breit.

»So wichtig bist du nun auch wieder nicht, dass er persönlich vorbeikommt«, sagte er, gefolgt von einer abfälligen Kopfbewegung.

»Entschuldigung«, sagte Bastian und fragte sich, warum er eigentlich Angst hatte. War dieser Typ automatisch zu fürchten, nur weil er ganz offensichtlich aus der Hölle kam und kein vernünftiges Deo hatte? Er runzelte die Stirn, dachte noch einmal kurz darüber nach und musste sich eingestehen, dass es wohl genauso war. Völlig unbegründet, aber Hölle sticht Himmel. Vielleicht war er ja auch nur ein Angsthase und Fitus hätte im Gegensatz zu ihm den Kollegen aus der Unterwelt schon lange in die Wüste geschickt. Wie auch immer. Er hatte Schiss.

»Asmodeus.«

»Was?«

»Asmodeus. Das ist mein Name«, wiederholte der Gesandte aus der Hölle. »Dir stinkt das doch gewaltig, dass du dich immer an diese bescheuerten Himmelsvorschriften halten musst. Bei uns könntest du jederzeit auf die Erde und ne Runde pokern. Oder noch ganz andere Sachen machen.«

»Welche?«, wollte Bastian wissen und fragte sich, was wohl besser sein sollte, als zu pokern.

»Weiber«, antwortete Asmodeus knapp.

»Oh.« Bastian war überrascht. Daran hatte er überhaupt nicht gedacht. Frauen waren im Himmel kein Thema. Also nicht in dem Zusammenhang, wie

Asmodeus das meinte. Es gab schon weibliche Engel. Aber der Beischlaf unter Engeln war undenkbar. Die unbefleckte Empfängnis wurde schließlich nicht extra für Jesus erfunden, sondern gängige Praxis im Himmel. Zumindest immer dann, wenn irgendein Engel abtrünnig wurde. Gerade wenn die Himmelsbewohner in so eine Situation wie Bastian kamen, zuvor vielleicht noch Streit mit dem Chef oder sich selbst einfach zu wenig im Griff hatten. Dann wurde ein weiblicher Engel unbefleckt mit neuem Leben beglückt. Wobei auch den weiblichen Engeln insgeheim ein ordentlicher Zeugungsakt deutlich lieber gewesen wäre.

»Und? Was ist jetzt?«, hakte Asmodeus nach.

»Was habt ihr davon, wenn ich die Seiten wechsle?«, fragte Bastian, der sich nicht vorstellen konnte, all die Freuden für lau zu bekommen. Wenn doch, wäre die Hölle ja ein Samariterverein. Und das konnte er sich beim besten Willen nicht vorstellen.

»Informationen.«

»Und welche?«

»Ach, nichts Bestimmtes«, log Asmodeus, versuchte so gelassen wie möglich zu bleiben und tat so, als wäre es eigentlich gar nicht so wichtig, dass er Bastian überzeugen könnte. »Einfach ein paar Infos zu aktuellen Projekten. Auf der Erde werden ständig irgendwelche Informationen verkauft. Warum sollte es bei uns anders sein.«

Auch wenn Bastian bequem, um nicht zu sagen extrem faul war und völlig unmotiviert noch dazu, war er nicht dumm. Es fiel ihm zwar schwer, es sich einzugestehen, aber bei diesem Versuch ihn abzuwerben, ging es nur sekundär um ihn. Da war er sich ziemlich sicher. Irgendwie schien die Unterwelt Wind von der Sache mit dem zweiten Messias bekommen zu haben und wollte nun Informationen aus erster Hand. So musste es sein. Trotzdem war das Angebot mehr als verlockend.

»Kann ich noch ein oder zwei Tage darüber nachdenken?«

»Kannst du«, antwortete Asmodeus. »Warte aber nicht zu lange, das Angebot gilt nicht ewig. Es gibt bestimmt Kollegen von dir, die nur darauf warten.«

»Alles klar«, sagte Bastian und war viel verunsicherter, als er wirkte. Er hatte sich ziemlich gut im Griff, äußerlich zumindest. Innerlich war er hin und hergerissen. Zu gerne hätte er die andere Seite kennengelernt. Seine Angst, einen großen Fehler zu machen, war aber genauso präsent.

Plötzlich schnippte Asmodeus mit dem Finger und die geparkten Mitspieler waren wieder bei der Sache. Er zwinkerte Bastian noch einmal zu und sorgte dafür, dass er ab sofort auch wieder ordentlich absahnte. Damit beeindruckte Asmodeus den Engel am allermeisten. Und das wusste er auch. Wenn er ihn mit irgendetwas locken könnte, dann damit.

Levi lenkte sich ab, indem er, zur Verwunderung seines Freundes Louis, ein Bier nach dem anderen bestellte und schon recht früh am Abend nicht mehr ganz Herr seiner Sinne war. Das löste auch seine Zunge und er versuchte wieder einmal seinem Freund von diesen ganzen Merkwürdigkeiten zu erzählen. Irgendwann musste er ihm ja schließlich glauben.

»... und jetzt sind auf einmal zwei Engel hier, um mir auf die Nerven zu gehen«, lallte Levi und wartete auf einen Kommentar von Louis. Der ließ sich Zeit, war schließlich selbst nicht mehr ganz nüchtern und versuchte über Levis Worte nachzudenken. So richtig wollte ihm das aber nicht gelingen.

»Du spinnst«, sagte er daher und wollte viel lieber nach den Frauen schauen, als diese bescheuerte Geschichte von Engeln, Gaben und Messias noch länger anhören zu müssen.

»Mann!«, rief Levi nun laut. »Ich dachte du bist mein Freund.«

»Bin ich auch. Aber du bist halt besoffen.«

»Na und?«

»Wie, na und?«

Diese Gegenfrage war zu viel für Levi. Er wusste schon gar nicht mehr, was er eigentlich hören wollte. Jedenfalls nicht „na und".

»Ich beweise es dir«, sagte Levi. Er wusste zwar, dass genau das überhaupt nicht erlaubt war, aber das war ihm in dieser Situation scheißegal. Er brauchte endlich jemanden, dem er ab und zu etwas über all die merkwürdigen Dinge erzählen konnte. Und vor allem fragte er sich sowieso, wie die Leute gerade ihm folgen sollten, wenn er sie nicht mit irgendwas beeindrucken durfte. Der Job als Messias war definitiv ein Dreckjob. Er dachte schon eine ganze Weile ernsthaft darüber nach, die ganze Sache hinzuschmeißen. Auch wenn er befürchtete, dass es wohl kein Job war, den man einfach so kündigen konnte. Er hatte sich ja auch nicht darauf beworben. Es war einfach ein Mist, er konnte es drehen und wenden, wie er wollte.

»Wie willst du das anstellen?«, wollte Louis wissen.

»Bestell dir mal ein Wasser.«

»Bist du bescheuert? Das wirft mich ja wieder um Längen zurück.«

»Jetzt mach einfach!«, forderte Levi seinen Freund auf.

»Oh Mann. Wenn du unbedingt willst. Aber ich verspreche dir nicht, dass ich es auch trinken werde.«

»BESTELL JETZT!«, zischte Levi nun energisch und wollte, dass wenigstens Louis endlich die Wahrheit über ihn kannte. Egal, welche Mittel er dazu einsetzen musste.

»Ist ja gut«, gab Louis nach und bestellte widerwillig ein Mineralwasser bei einer ziemlich leicht bekleideten Bedienung. Das war furchtbar peinlich. Wasser, das ging eigentlich gar nicht. Er war ja schließlich kein Fisch. Louis beobachtete jeden Schritt der jungen Dame hinter der Theke, und als er dann sein Wasser in der Hand hielt, drehte er sich zu seinem Freund um.

»Zufrieden?«, fragte er.

»Trink bitte einen Schluck.« Louis nippte an seinem Getränk und hatte immer noch keine Ahnung, warum er diese Schmach über sich ergehen lassen musste.

»Oh«, tat Louis übertrieben überrascht und rollte mit den Augen. »Das Wasser schmeckt ja ausgezeichnet.«

»Was hättest du jetzt gerne anstelle des Wassers in deinem Glas?«, fragte Levi und Louis kam langsam aber sicher zu der Erkenntnis, dass sein Freund gewaltig einen an der Klatsche hatte.

»Ein Gin Tonic wäre nicht schlecht.«

Levi berührte mit seiner Hand das Glas und dachte an Gin Tonic. Sicherheitshalber dachte er etwas intensiver an Gin, als an Tonic, um den Unterschied zum Wasser auch deutlich herauszustellen.

»Jetzt trink bitte noch einen Schluck.«

»Was soll der Scheiß?«

»Tu mir bitte noch diesen einen Gefallen.« Mittlerweile konnte Levi schon wieder einigermaßen klar denken und hoffte, dass seine Aktion auch klappen würde. Louis setzte angewidert das Glas an und nahm erneut einen Schluck, setzte kurz ab, schaute verwundert auf das Glas und schüttete sich den Rest in den Hals. Dann schaute er wieder. Erst in das leere Glas, dann zu Levi.

»Damals, als du mir so eine bescheuerte Geschichte über dich erzählt hast. Das waren keine Drogen, oder?«

Levi schüttelte zufrieden den Kopf. »Endlich!«

Kapitel 13

In den frühen Morgenstunden schlenderte Bastian mit einer Tüte voller Geld durch die Straßen und hatte ein Dauergrinsen aufgesetzt. Er hatte nicht einmal etwas tun müssen. Asmodeus hatte dafür gesorgt, dass Bastian zwar nicht immer, aber zumindest wenn es um die hohen Einsätze ging, gewonnen hatte. Er selbst ging dabei natürlich auch nicht leer aus. Bastian musste sich eingestehen, dass ihn dieses Spiel ziemlich beeindruckt hatte. Es war schon eine ganz andere Liga, in der sein neuer Freund spielte. Natürlich kämpfte er mit noch mieseren Methoden als Bastian, aber er hatte Erfolg damit. Bastian war hin und hergerissen. Sollte er dieses Angebot annehmen oder nicht? Er konnte es drehen und wenden, wie er wollte, bei allen Vorteilen, die er sich von einem Lagerwechsel versprach, standen auch immer wieder ungewisse Punkte auf der Liste. Sicherlich hatte die Hölle extrem verlockende Dinge zu bieten, die sein Arbeitgeber wahrscheinlich noch nicht einmal kannte. Auf der anderen Seite fragte er sich, ob er wohl genauso locker durch den Tag kommen würde, wie bisher. Immerhin hatte er schon genug Bolzen gedreht und war immer wieder mit einem blauen Auge davongekommen. Er hatte das Gefühl, dass es ein Stockwerk tiefer nicht ganz so einfach werden würde.

»Aber das Pokerspiel von Asmodeus war überragend«, brummelte Bastian vor sich hin und beschloss erst einmal ein heißes Bad in seinem Whirlpool zu nehmen und das teuerste Getränk auf der Karte in sein Zimmer bringen zu lassen. Er hatte ja schließlich gewonnen und das musste gefeiert werden. Wenn er auch nur mit sich selbst feiern konnte. Wo Levi war, wusste er nicht und wo sein Kollege war, wollte er gar nicht wissen. Der konnte gar nicht weit genug weg sein. Und der Idiot wusste wahrscheinlich noch nicht einmal was feiern überhaupt bedeutete.

Fitus hatte eigentlich gehofft, dass sein besoffener Zellengenosse wenigstens schnell einschlafen würde und er endlich verschwinden könnte. Aber der dachte gar nicht daran.

»Ich bin Günther«, fing er an und hörte so schnell nicht wieder auf. Günther war angeblich die ärmste Sau im Universum. An allem waren die anderen schuld. Keiner hatte Verständnis für ihn. Alle waren sie spießige Pisser, die nur an sich selbst dachten.

»Ich war nämlich mal ein erfolgreicher Investmentbanker«, erklärte Günther. Doch es hatte sich nach der Finanzkrise sogar bis in den Himmel herumgesprochen, dass diese Berufsbezeichnung für viele schon eher ein Schimpfwort darstellte. Am liebsten hätte Fitus zu Günther gesagt, er solle einfach sein dummes Maul halten und seinen Rausch ausschlafen. Aber er war ja ein Engel. Und ein sehr pflichtbewusster noch dazu. Also setzte er sich hin, stützte sein Kinn auf die rechte Faust und hörte Günther zu. Gelegentlich ließ er sich zu einem Kopfnicken oder einem zustimmenden Gemurmel hinreißen, um seinem Gegenüber Interesse zu heucheln.

»Aber irgendwann hab ich meinen Job verloren, meine Frau hat mich mit den Kindern verlassen und ist zu irgendeinem neureichen Vollpfosten gezogen. Das Haus konnte ich alleine nicht halten, weil die dumme Schlampe trotzdem einen Berg Unterhalt von mir wollte und so kam eins zum anderen.«

»Hast du bei der Arbeit einen Fehler gemacht, oder warum hast du deine Stelle verloren«, hakte Fitus nach und war für einen Moment versucht, Partei für den armen Mann zu ergreifen.

»Wie man's nimmt«, antwortete er und schaute auf den Boden.

»Das versteh ich nicht.«

»Meinen Job habe ich immer gut gemacht.«

»Und warum hat man dich dann gefeuert?«

»Ich habe mich mit einer Kollegin eingelassen.«

»Und deshalb wirst du gleich gefeuert?«

»War die Frau vom Chef.«

»Oh.«

»Sag ich doch.«

»Und deine Frau, wie hat die das mitbekommen?«

»Sie wollte mich im Büro überraschen und hat mich mit ihr erwischt.«

»Oh.«

»Eben.«

Fitus sagte nichts mehr, in der Hoffnung Günther würde endlich müde werden und einschlafen. Doch der dachte immer noch nicht daran. Vorher musste Fitus noch die ganze Geschichte seines sozialen Abstieges anhören. Inklusive kleinem Nervenzusammenbruch mit darauffolgendem Weinkrampf, bei dem Günther eine ordentliche Ladung Rotz auf Fitus verteilte. Es dauerte eine Ewigkeit, bis Fitus an seinem ersten Arbeitstag auf der Erde erlöst wurde, Günther endlich einschlief und er unbeobachtet verschwinden konnte.

Levi und Louis lagen in den frühen Morgenstunden völlig verkatert neben einem Brunnen. Wie sie dahin gekommen waren, wussten sie nicht mehr, aber Levi konnte sich wage daran erinnern, das Wasser darin auf Drängen von Louis in Tequila Sunrise verwandelt zu haben. Eigentlich wollte er es bei einem Beweis seiner Gabe belassen. Irgendwie war er aber zu besoffen gewesen, um sich ernsthaft dagegen zu wehren. Levi rappelte sich auf und schaute in den Brunnen. Das Wasser darin hatte immer noch eine rötlich orangene Färbung. Er schaute sich um.

Glücklicherweise war weit und breit niemand zu sehen. Schnell steckte er seinen Finger in den Tequila Sunrise Brunnen und verwandelte den übergroßen Cocktail wieder zurück in harmloses Wasser.

»Verdammt!«, stöhnte Louis. »Mir platzt gleich der Kopf.«

»Mir geht's auch nicht besser«, bestätigte Levi.

Louis richtete sich auf und lehnte sich an den Brunnen. Plötzlich fing er an zu grinsen und schüttelte den Kopf.

»Oh Mann, hab ich einen Mist geträumt.«

»Was denn?«

»Ich hab geträumt du bist so etwas wie Jesus 2.0 und kannst zaubern. So ein Quatsch, oder?«

Levi stöhnte und fragte sich, ob er seinem Freund jetzt schon wieder versuchen sollte zu erklären, dass er wirklich der Messias war. Er entschied sich dagegen.

»Willst du Kaffee?«, fragte er stattdessen.

»Gern«, antwortete Louis. »Aber woher willst du den nehmen?«

Levi streckte seine Hand wieder zum Brunnen und berührte das Wasser.

»Schau mal in den Brunnen.«

Louis drehte unter Schmerzen seinen Kopf und traute seinen Augen nicht. Der kleine Brunnen war gefüllt mit dampfendem schwarzen Kaffee. Louis sprang zurück und schaute seinen Freund ungläubig an.

»Der Traum war doch kein Traum, hab ich recht?«

»Ja«, antwortete Levi knapp und war erleichtert, dass Louis nicht wieder von der Drogenberatung anfing.

»Kannst du mir vielleicht meine Kopfschmerzen wegzaubern?«

»Nein«, antwortete Levi. »Wenn ich noch mehr Mist mit meiner Gabe anstelle, bekomme ich tierisch Ärger.«

»Von wem denn?«, fragte Louis grinsend. »Schickt Gott ein paar Engel auf die Erde, die auf dich aufpassen sollen?«

»Braucht er nicht. Die sind schon da.«

»Oh«, sagte Louis. »Echt jetzt?«

»Echt.«

Kapitel 14

Bastian schlenderte, immer noch unschlüssig was seine Zukunft betraf, die Straßen entlang, als plötzlich Fitus auftauchte.

»Was willst du denn hier?«, brummelte Bastian als Begrüßung und fragte sich gleichzeitig, womit er das nun wieder verdient hatte.

»Ich wünsche dir auch einen guten Morgen, lieber Kollege«, säuselte Fitus übertrieben freundlich und hatte dabei irgendwie etwas Weibliches an sich. »Ich hätte nicht gedacht, dass du auch schon so früh am Morgen auf dem Weg zu deinem Schützling bist.«

»Bin ich das?«, fragte Bastian verwundert.

»Sieht so aus. Er sitzt mit seinem Kumpel Louis um die Ecke am Brunnen und missbraucht seine Gabe.«

»Hat er schon wieder Weiber damit abgeschleppt?«

»Nein, er hat Kaffee gemacht.«

»Was für ein Idiot«, stöhnte Bastian. »Und woher weißt du das überhaupt? Kannst du um die Ecke schauen?«

»Messiasüberwachungssystem«, antwortete Fitus und zog ein flaches Teil, das nur aus einem Bildschirm bestand, aus der Tasche. Auf der Rückseite war eine silberne Wolke zu erkennen. »Hast du keins?«

»Brauch ich nicht«, entgegnete Bastian etwas schroff und hatte überhaupt keine Ahnung, was das für ein Teil war. Er musste wohl etwas verpasst haben. Aber er konnte sich ja schließlich auch nicht um jeden neuen Schnickschnack kümmern.

»Wie auch immer. Lass uns mal hingehen.«

Widerwillig trottete Bastian hinter Fitus her. Eigentlich wollte er direkt in seinem Whirlpool liegen und Kabelfernsehen schauen. Fitus ging ihm immer mehr auf die Nerven. Gleichzeitig fiel ihm Asmodeus wieder ein.

»Psssst«, zischte Fitus.

»Ich hab doch gar nichts gesagt.«

»Pssst!«

»Was für ein Idiot«, dachte sich Bastian und versuchte die Handzeichen von Fitus zu deuten. Er sah dabei aus, wie die dicken Frauen im Qui-Gong Kurs aus der Fitnessabteilung seines Hotels. Bastian wusste weder bei seinem Kollegen noch bei der Weightwatchers-Gruppe, was die Verrenkungen sollten. Er setzte sich einfach neben Fitus auf die Rückseite des Brunnens und hielt sich raus. Bastian konnte den Kaffee riechen.

»Und was willst du jetzt machen?«, fragte Louis, nachdem er Levis Geschichte nun zum zweiten Mal gehört hatte, sich aber an das erste Mal immer noch nicht erinnern konnte. Fitus und sogar Bastian warteten gespannt auf Levis Kommentar.

»Pfff«, antwortete Levi und wusste nicht so recht, wie er anfangen sollte. »Das habe ich mich schon tausend Mal gefragt. Nüchtern betrachtet sollte ich es wohl einfach lassen. Das einzige, was mein Vorgänger davon hatte, war am Ende die Kreuzigung. Da hab ich definitiv keine Lust drauf.«

»Kann ich verstehen«, bestätigte Louis. »Hast du schon mal gefragt, was der mittlerweile so treibt? Ich geh einfach mal davon aus, dass es wohl wirklich ein Leben nach dem Tod gibt, oder?«

»Stimmt. Daran habe ich noch gar nicht gedacht.« Levis Miene hellte sich ein bisschen auf und er nahm sich direkt vor, Bastian bei ihrem nächsten Treffen danach zu fragen. Vielleicht könnte er ja einen Vertrag aushandeln, wenn er erfolgreich war. Oder besser noch einen Vertrag, der keine Erfolgsklausel hat.

Die beiden Engel schlichen sich wieder davon und Fitus war ziemlich empört über die Aussage des Heilands.

»Das gibt's doch gar nicht«, zeterte er. »Was fällt diesem Rotzlöffel eigentlich ein. Er sollte dankbar für diese Gabe sein. Wer hat schon die Möglichkeit, auf solch eine Mission zu gehen?«

»Na ja, er hat die Bibel gelesen.«

»Klar hat er das. Er ist der Messias. Aber was hat das jetzt damit zu tun?«

»Da steht ziemlich eindeutig drin, dass der Job von Jesus ein ziemlich undankbarer war. Im Grunde genommen wollte er doch nur, dass alle etwas nett zueinander waren und was war der Dank dafür? Sie haben ihn ans Kreuz genagelt.«

»Man muss eben auch Opfer bringen.«

»Wenn du ihm das so sagst, wird er es bestimmt auch gleich verstehen. Da bin ich mir sicher. Was bringst du eigentlich für Opfer?«

Bastian stellte fest, dass Fitus ein noch viel größerer Idiot war, als er angenommen hatte. Er reagierte nicht einmal auf die Frage nach seinem Opfer. Vielleicht hätte er gelegentlich seinen Kopf aus dem Arsch seiner Vorgesetzten ziehen sollen, um die Dinge etwas realistischer zu sehen. Aber das hatte er wohl verpasst. Fitus war einer von der Sorte, der grundsätzlich den Klugscheißer spielte, dem Lehrer alles petzte und beim Sport nur in die Mannschaft gewählt wurde, weil die anderen dazu gezwungen wurden, auch den letzten irgendwann zu nehmen. Keine Sau hatte ihn jemals gewollt und Bastian hatte ihn an der Backe. Vielleicht sollte er doch die Seiten wechseln.

»Seine Aufgabe an Bedingungen zu knüpfen, kann er jedenfalls komplett vergessen«, sagte Fitus energisch.

»Sagt wer?«

»Na ich.«

»Und du hast die Kompetenz das zu bestimmen?«

»Seit wann interessieren dich Kompetenzen?«, fragte Fitus und Bastian stellte zu seiner Zufriedenheit fest, dass sein Kollege leicht nervös wurde.

»Hast du, oder hast du nicht?«

»Das ist doch egal«, wollte Fitus abwiegeln.

»Ich will dir mal was sagen.« Bastian machte eine kurze, aber seiner Meinung nach wichtig anmutende Pause, bevor er fortfuhr. »Du kannst Levi zu nichts zwingen, das hätte überhaupt keinen Sinn. Als Engel solltest du wissen, dass alles ein Geben und ein Nehmen ist. Aber das ist dir wahrscheinlich noch nicht zu Ohren gekommen, weil du lieber Kollegen in die Pfanne haust, als dich mal locker bei einem Bierchen mit anderen auszutauschen. Ich würde auf einen Handel eingehen, oder ihn zumindest mal darüber aufklären, was Jesus im Moment im Himmel für eine ruhige Kugel schiebt. Vielleicht reicht das ja schon.«

Fitus kochte innerlich, weil ihm auf die Schnelle kein Gegenargument einfallen wollte. Es kotzte ihn an, dass Bastian wahrscheinlich sogar Recht hatte. Obwohl der in seinen Augen sowieso nur unnötiger Ballast war, der wegen seiner vielen Dienstjahre mitgeschleppt wurde. Er stand vor seinem Kollegen und seine Unterlippe fing an zu zittern. Sein ganzer Unterkiefer fing plötzlich an zu beben. Dabei blieb es dann aber auch, denn die passenden Worte wollten ihm einfach nicht einfallen. Er stampfte auf den Boden und hüpfte anschließend wie Rumpelstilzchen im Kreis herum. Nur eben ohne Text.

»Alles klar bei dir?«, hakte Bastian nach, als Fitus endlich wieder zum Stehen kam. Sein Blick war apathisch und es sah fast so aus, als hätte jemand im Hintergrund die Pausentaste gedrückt.

»Willst du das noch ewig mitmachen?«, hörte er plötzlich eine bekannte Stimme fragen, die eindeutig nicht zu Fitus gehörte. »Musst du dich wirklich mit solchen Hosenscheißern herumschlagen? Ich meine, du hast etwas mehr Anerkennung verdient.«

Bastian dreht sich um und sah Asmodeus auf einer Bank, etwa drei Meter entfernt, sitzen.

»Muss ich gar nicht«, entgegnete Bastian trotzig.

»Hat sich fast so angehört, als hätte der Jungspund schon ein bisschen mehr zu sagen, als du«, sagte Asmodeus spitz und setzte ein süffisantes Grinsen auf. »Ich kann mich aber auch täuschen. Wie auch immer - überleg dir die Sache noch mal. Ich denke du weißt, wo du mich finden kannst.«

»Im Hinterzimmer?«

»Genau?«, bestätigte Asmodeus, schnippte mit den Fingern und Fitus verlor langsam aber sich wieder seinen debilen Gesichtsausdruck.

Der Gesandte der Unterwelt machte sich ganz gemächlich auf den Weg, schaute noch einmal über die

Schulter und zwinkerte Bastian zu. Alleine schon die Vorstellung bei Fitus selbst auf die Pausentaste drücken zu können, war extrem verlockend. Voraussichtlich würde dieser Korinthenkacker nie wieder aus dem Standby-Modus herauskommen. Womöglich würde er ihn dann sogar ganz ausschalten und in die Besenkammer stellen können.

»War irgendwas?«, fragte Fitus und schaute ziemlich dämlich aus der Wäsche. Er war völlig verwirrt.

»Außerirdische waren hier, haben Levi und seinen Freund entführt, dein Gedächtnis der letzten zwei Stunden gelöscht, weil sie mit mir in dieser Zeit noch eine wilde Orgie gefeiert, dabei siebzehn Jungfrauen geschwängert und auf den ersten Blick festgestellt haben, dass du überhaupt keinen Spaß verstehst. Wir sollen unserem Arbeitgeber ausrichten, dass sie den Messias erst wieder freilassen, wenn der Himmelsrat der intergalaktischen Umgehungsstraße zustimmt, auf den Mars umzieht, dass die Erde gesprengt werden kann und vor allem nicht immer den ganzen Abfall ins Weltall kippt.«

»Hä?«, sagte Fitus nach einer Weile. »Und warum haben sie dein Gedächtnis nicht gelöscht?«

»Oh Mann, du bist ja noch dümmer als ich dachte.«

»Ah, jetzt hab ich's. Einer muss ja die Botschaft überbringen. Los, lass uns gehen.«

Bastian schüttelte den Kopf und fragte sich schon wieder, womit er einen solchen Vollpfosten an seiner Seite verdient hatte. Er konnte Fitus gerade noch festhalten.

»Das war ein Witz.«
»Oh.«

Kapitel 15

Titus war mit der Situation komplett überfordert und ließ sich nicht davon abhalten, im Himmel persönlich einen Zwischenbericht abzugeben. Bastian war das ja eigentlich nicht unrecht, denn so hatte er wenigstens wieder seine Ruhe und konnte sich den angenehmen Dingen widmen. Poker, Whirlpool und Kabelfernsehen. Vielleicht danach noch ein paar Gläschen leckeren Wein, der auf der Erde definitiv besser war, als das Instantzeug im Himmel. Aber anders ging es ja nicht, so ganz ohne Weinberge und echte Trauben.

Am nächsten Tag machte sich Bastian wieder auf die Suche nach Levi. Zu Hause war er nicht. Da er gerade die Schule beendet und sonst noch nichts anderes angefangen hatte, konnte er eigentlich überall sein. Die Sonne schien, die Temperaturen waren angenehm, also entschied er sich für die Stadt. Sollte er ihn nicht gleich finden, wollte er einfach im Straßenkaffee warten und den Tag genießen. So ganz ohne seinen klugscheißenden Kollegen war das sicher eine prima Sache. Bastian saß gerade vor einem XXL-Eisbecher, als ihm wieder das Angebot von Asmodeus in den Sinn kam. Mittlerweile wäre es ihm lieber gewesen, er hätte überhaupt kein Angebot von irgendwas. Entscheidungen zu treffen, die über die Wahl des bevorzugten Genussmittels hinausgingen, war definitiv nicht seine Stärke. Er dachte darüber nach, wie er es eigentlich die ganzen Jahre geschafft hatte, in seiner Funktion als Teamleiter, Entscheidungen zu treffen. Er war ziemlich deprimiert, als er feststellen musste, dass er sich bisher immer um Entscheidungen herumgedrückt hatte. Und das machte er schon ziemlich lange. Auch wenn es nicht sonderlich populär in den Augen seiner Kollegen war, aber wenigstens das machte er so gut, wie kein anderer.

Levi ging zur selben Zeit völlig planlos durch die Straßen und war ganz in der Nähe von Bastian. Er hatte ziemlich lange mit Louis über die ganze Sache gesprochen, aber wirklich hilfreich waren seine Ratschläge nicht gewesen. Für den Fall, dass er sich gegen seine Aufgabe entscheiden würde, hatte Louis vorgeschlagen nach Mallorca auszuwandern, eine Strandbar aufzumachen und Sangria aus Leitungswasser in unglaublichen Mengen herzustellen. Den wollte er dann zu einem Spottpreis verkaufen, an dem sie natürlich wegen Levis Gabe immer noch etwas verdienen würden, um sich so mittelfristig ein Sangriamonopol am Ballermann zu erarbeiten. Über die Masse würden sie eine Menge Geld machen, haufenweise Weiber abschleppen und den Rest ihres

Lebens in der Sonne liegen und Geld zählen. Falls Levi dabei ein schlechtes Gewissen haben sollte, schlug Louis vor, nebenbei noch ein paar Kranke zu heilen oder sonst irgendwie Gutes zu tun. Solange er jeden Morgen seinen Finger ins Sangriafass halten würde, wäre das kein Problem.

Eigentlich war Levi ja immer noch nicht von seinem Dasein als Messias begeistert, auch wenn er zugeben musste, in letzter Zeit etwas Schindluder damit getrieben zu haben. Wenn er schon mit dem Gedanken spielte, seine Aufgabe nicht wahrzunehmen, hätte er wenigstens auf seine Gabe verzichten müssen. Aber so wie er sich verhalten hatte, war er selbst ein wenig von sich enttäuscht.

Levi bog mit hängenden Schultern in die Fußgängerzone ein. Nur wenige Meter von Bastian entfernt. Der kämpfte immer noch mit seinem Gewissen und dem Eisbecher. Was er zuerst besiegen würde, war noch nicht klar. Er lehnte sich kurz zurück, um einmal tief durchzuatmen, und sah dabei Levi in seine Richtung gehen. Er wollte gerade nach ihm rufen, als Levi sich plötzlich einem weinenden Kind zudrehte und sich vor dem kleinen Jungen in die Hocke setzte. Er war schon so nahe, dass er ihn leise hören konnte.

»Was ist denn Kleiner?«, fragte Levi den Jungen. Er gab keine Antwort, sondern schrie auf einmal noch viel lauter. Wahrscheinlich war dem Jungen gerade eingefallen, dass seine Mama immer zu ihm gesagt hatte, fremde Männer, die einen ansprachen, wären gefährlich. Levi wirkte komischerweise keine Sekunde unbeholfen, obwohl Bastian hätte wetten können, der kleine Messias war, was Kinder betraf, völlig ahnungslos. Er legte dem Jungen die Hand auf die Schulter und sah ihn mit einem so warmen Blick an, dass sogar Bastian kurz davor war, sentimental zu werden. Der Junge hörte auf zu schreien, schluchzte noch ein paar Mal und ließ sich dann sogar von Levi die Tränen wegwischen. Bastian hatte keine Ahnung, ob nur er es so sah, aber diese Szene war kaum in Worte zu fassen. Auch wenn eigentlich gar nichts besonderes dabei passierte, erfüllte es Bastian mit einer Wärme, die er noch nie zuvor gespürt hatte.

»Mama?«, fragte der Junge und hob beide Arme.

»Weißt du nicht, wo sie ist?«

Der Junge schüttelte den Kopf und zeigte stumm auf sein Knie. Die Hose war durchgewetzt und darunter war eine Schürfwunde zu erkennen.

»Tut's sehr weh?«, fragte Levi und der Junge nickte. Levi legte eine Hand auf dessen Knie und der Junge fing plötzlich an zu lächeln.

»Weißt du was?«, sagte Levi. »Wir holen uns eine Kugel Eis, setzen uns da vorne auf die Treppe und warten so lange, bis deine Mama wiederkommt. Sie sucht dich bestimmt schon überall.«

»OK.«

»Wie heißt du überhaupt?«

»Max.«

»Ich bin Levi.« Er holte die beiden Eiswaffeln und Bastian konnte von Weitem das Strahlen in den Augen des Jungen sehen. Natürlich war das keine unglaubliche Heldentat, die Levi hier vollbracht hatte, aber oft sind es ja die kleinen Dinge, die einem plötzlich Klarheit verschafften. In diesem Moment wusste Bastian endlich wieder, was es bedeutete, Gutes zu tun. Scheinbar konnte man das sogar im Himmel vergessen. Durch diese Erkenntnis traf er zwar endlich die Entscheidung, das Angebot der Unterwelt auszuschlagen, aber gleichzeitig wusste er ganz genau, dass er trotzdem wieder zum Pokern gehen würde. Er wollte nach einem Mittelweg suchen.

»MAX!«, schrie es plötzlich quer durch die Fußgängerzone. »Max, wo bist du?« Eine Frau, die ganz offensichtlich die Mutter des Jungen war, stand kurz vor einer Panik, während ihr Sohn genüsslich an einem Eis schleckte.

»Hier«, rief Levi der Frau zu. »Max ist hier.«

Er war ziemlich stolz auf sich, weil er sich so fürsorglich um den Jungen gekümmert hatte und wartete auf seinen Lohn in Form tiefster Dankbarkeit seitens der Mutter.

»Was machen sie mit meinem Kind?«, schrie diese weiter, zog den Jungen zu sich und schlug Levi mit voller Wucht ihre Handtasche ins Gesicht. Sie traf ihn genau an der Schläfe mit einem riesigen Metallverschluss, der genauso gut auch für einen großen Reisekoffer ausgereicht hätte. Levi ging zu Boden, die Frau stapfte mit ihrem Sohn davon und Bastian schüttelte erschrocken den Kopf.

»Das darf ja wohl nicht wahr sein«, brummelte Bastian vor sich hin, während er zu Levi lief, der sich mit schmerzverzerrtem Gesicht, den Kopf rieb. »Wegen der dummen Kuh hat er jetzt bestimmt überhaupt keine Lust mehr. So ein verdammter Mist.«

»Der hat's auch nicht leicht«, sagte Levi und schaute dem Jungen hinterher.

»Wie meinst du das?«

»Na bei der Mutter.«

»Du willst nach dieser Aktion also nicht gleich wieder alles hinschmeißen?«

»Was soll ich denn hinschmeißen? Ich hab doch noch gar nicht mit irgendwas angefangen.«

»Oh doch, das hast du«, sagte Bastian strahlend und hatte das Gefühl in Levi hätte sich etwas getan. Er nahm dafür, etwas Gutes getan zu haben, gleichzeitig auch den Handtaschenschwinger der Mutter in Kauf, ohne sich darüber aufzuregen.

»Echt?«, fragte Levi. »Na wenn's weiter nichts ist.«

Kapitel 16

Fitus näherte sich Levi und Bastian mit energischen Schritten. Unter dem Arm hatte er eine Konferenzmappe klemmen und Bastian konnte sich dem Gedanken nicht erwehren, wieder etwas Überhebliches in seinen Augen erkennen zu können.

»Wir bekommen Besuch«, sagte Bastian und konnte leider immer noch nicht einschätzen, wie eigentlich Levi zum Thema Fitus stand.

»Oh je. Was will die Nervensäge denn schon wieder hier?«

Bastian rieb sich zufrieden die Hände. Diese Sache hatte sich schneller geklärt, als erwartet.

»Ich glaube, er soll den Aufpasser spielen, dass wir auch ja alles richtig machen.«

»Na toll.« Levi war davon genauso wenig begeistert, wie Bastian. An ihn hatte er sich langsam gewöhnt und wusste mit seiner Art umzugehen. Eigentlich war Bastian in Levis Augen auch ein ziemlich witziger Typ. Ein bisschen schräg, aber witzig. Fitus war gar nichts. Nur ein Idiot.

»Ich habe die weitere Vorgehensweise mit dem Management durchgesprochen und die nächsten Schritte genau festgelegt«, legte Fitus los, ohne Hallo zu sagen. »Wenn wir uns nach dem Plan richten, werden wir mit Sicherheit gut vorankommen und schon bald erste Erfolge verbuchen können.«

Bastian rechnete schon mit dem Schlimmsten und stellte sich auf eine extrem langweilige Zukunft ein, als plötzlich Levi das Wort ergriff.

»Jetzt halt mal die Luft an«, sagte Levi ruhig. Fitus schaute überrascht von Bastian zu Levi. Mit so einer deutlichen Ansage hatte er nicht gerechnet. Doch der Messias wurde zum Leidwesen von Fitus noch deutlicher.

»Deine Anweisungen kannst du dir sonst wohin stecken. Wenn dir irgendetwas nicht passt, kannst du gerne verschwinden. Wenn du bleiben willst, verhältst du dich ruhig, oder ich werde einen Termin bei meinem Vater beantragen.« Fitus wich langsam aber sicher die Farbe aus dem Gesicht. »Du kannst von mir aus Kaffeekochen und kleinere Botengänge erledigen. Oder Bastian helfen, wenn er dich braucht.«

»Aber ...«, setzte Fitus an, wurde aber sofort wieder unterbrochen.

»Nichts aber. Ich bin der Chef hier«, stellte Levi unmissverständlich fest. »Ich denke ich weiß mittlerweile, was zu tun ist. Ich hab die Bibel studiert und das Handbuch für den angehenden Messias gelesen.«

»Was?«, fragte Fitus. »Ein Handbuch?«

»Dafür bist du zu jung«, mischte sich Bastian ein. »Als ich das geschrieben habe, hat an dich noch keiner gedacht.«

»Du hast das geschrieben?«

»Traust du mir das etwa nicht zu?«

»Äh«, stockte Fitus und entschied sich dafür, erst einmal nichts zu sagen.

»Wie auch immer«, sagte Levi und beendete damit das Thema um das Handbuch. »Wenn wir richtig loslegen wollen, brauche ich Jünger, oder?«

»Zumindest brauchst du Menschen, die dich unterstützen und dir helfen, deine Lehre zu verbreiten.«

»Ich habe eine eigene Lehre?«, fragte Levi.

»Zumindest wirst du irgendwann eine haben. So lange kannst du dir ja mit der Lehre deines Halbbruders aushelfen.«

»Alles klar«, antwortete Levi. »Der erste Jünger, Supporter oder wie wir das auch nennen wollen, wird Louis sein. Er wird auch bald hier sein. Er hat vorhin ne SMS geschickt.«

»Oh je«, kommentierte Fitus.

»Halt die Klappe und hol Kaffee.« Bastian hatte wieder richtig Freude bei der Arbeit. Asmodeus konnte ihn am Arsch lecken und der Klugscheißer war auch ruhiggestellt. Zumindest für die nächste Zeit. Fitus machte sich wiederwillig auf den Weg und kaufte mit Bastians Geld drei Kaffee zum Mitnehmen. Etwa zur selben Zeit kam Louis, der erste Jünger, die

Fußgängerzone heraufgelaufen. Er ging an einer Frau und einem Mann vorbei, die sich zwar zur Begrüßung umarmten, aber ganz offensichtlich kein Paar waren. Küsschen links, Küsschen rechts. Sonst nichts. Zumindest so lange, bis Louis kam und der Frau im Vorbeigehen unbemerkt aber trotzdem kräftig an den Arsch fasste. Natürlich ging sie davon aus, die Hand hätte zu ihrem Bekannten gehört und löste die Umarmung sofort. Empört gab sie ihm eine Ohrfeige, stapfte davon und ließ den ahnungslosen Mann einfach so stehen. Zwei Meter weiter ballte Louis seine Hand zu einer Faust und man konnte ihn sehr energisch „JA" sagen hören. Dass er nicht sofort in einen spontanen Freudentanz verfiel, war alles. Fitus schüttelte angewidert den Kopf, Bastian grinste fröhlich und Levi stand auf, um seinen Jünger zu begrüßen.

»Hallo mein Freund«, sagte er freudig und Louis schaute ihn fragend an.

»Warum so feierlich?«, wollte dieser wissen.

»Das erkläre ich dir später«, antwortete Levi. »Das sind Bastian und Fitus.«

»Deine zwei Engel?«

»Genau.«

»Wieso weiß er das?«, fragte Fitus.

»Weil ich es ihm gesagt habe und er mein erster Jünger wird.«

»Werde ich das?«

»Willst du nicht?«

»Doch, schon«, sagte Louis zögernd. »Aber Jünger hört sich doch irgendwie schwul an, oder?«

»Was hört sich denn daran schwul an?«, fragte Fitus energisch.

»Halt die Klappe«, sagten Levi und Louis synchron. Fitus hatte noch keine Ahnung, wie er mit dieser Situation umgehen sollte. Bisher war immer alles glatt gelaufen. Wenn es nicht von alleine geklappt hatte, half meistens Arschkriechen. Für Arschkriechen hatte er sich aber schon zu weit aus dem Fenster gelehnt und musste wohl oder übel ein wenig zurückstecken, um irgendwann wieder in das Geschehen eingreifen zu können. Es ging ihm furchtbar gegen den Strich, aber er hatte keine andere Wahl. Für heute war Bastian der Sieger.

»Uns wird schon noch eine vernünftige Alternative zu Jünger einfallen. Du kannst ruhig auch Vorschläge abgeben.«

»Ich denk drüber nach«, antwortete Louis. Eigentlich wollte er ja viel lieber Rockstar oder Playboy werden. Jünger stand noch nicht mal am Ende der Liste seiner Berufswünsche. Er hätte es auch niemals auf die Rückseite, als letzten Ausweg geschrieben. Aber jetzt, wo sein Kumpel scheinbar wirklich so etwas wie der neue Jesus war, könnte die Sache vielleicht sogar interessant werden.

»Wie wäre es mit „Follower"?«, fragte Louis plötzlich. »Das hört sich doch schwer modern an.«

»Gar nicht schlecht«, bestätigte Levi und auch Bastian nickte. Was Fitus davon hielt, war den anderen scheißegal.

»Und ich wäre dann gerne dein Stabschef«, forderte Louis.

»Ich hab doch gar keinen Stab.«

»Wirst du aber brauchen.«

»Brauch ich das?«, fragte Levi und schaute zu Bastian. Der zuckte mit den Schultern und deutete mit den Augen auf Fitus. Scheinbar war er wenigstens in diesen Fragen zu gebrauchen.

»Was meinst du, Fitus?«, fragte der Messias.

»Äh. Was?«, stammelte Fitus. Er hatte überhaupt nicht mehr zugehört und sich damit beschäftigt, sich selbst zu bemitleiden.

»Brauche ich einen Stab?«

»Was für einen Stab?«

»Na so einen Stab, indem Berater und so was für mich arbeiten.«

»Könnte nicht schaden. Und bei aller Bescheidenheit, ich würde mich ...«, setzte Fitus an, sich selbst zu empfehlen, wurde aber sofort von Levi unterbrochen.

»Gut, dann bist du ab jetzt mein Stabschef.«

»Super«, freute sich Louis, obwohl er nicht die leiseste Ahnung davon hatte, was ein Stabschef den ganzen Tag so machte. Aber es hörte sich definitiv besser an, als Jünger. Und nur Follower zu sein, wäre auf Dauer sicher auch langweilig geworden.

»Bitte was?«, keifte Fitus im selben Moment und hielt sich aber ganz schnell die Hand vor den Mund, um nicht noch mehr in Ungnade zu fallen. Schließlich war er gerade eben sogar in eine wichtige Entscheidung eingebunden worden.

»Und was willst du machen?«, frage Levi nun Bastian, der am liebsten natürlich gar nichts machen wollte. An zweiter Stelle stand dann eine eher ruhige Tätigkeit, wenn es denn unbedingt eine sein musste.

»Ich könnte mich als stillen Berater im Hintergrund gut vorstellen.«

»Alles klar, hört sich gut an.«

»Und was soll ich machen?«, fragte Fitus dann doch nach. Ganz konnte er sich einfach nicht zurückhalten. Schließlich war er Jahrgangsbester gewesen.

»Kaffee«, antwortete Levi spontan. »Hab ich doch vorhin schon gesagt.« Fitus ließ niedergeschlagen die Arme hängen. So hatte er sich das nicht vorgestellt. »Und wenn du wirklich ein paar vernünftige Ideen hast, können wir über eine Beförderung reden.«

»Darf ich dann Espresso machen, oder was?«, fragte Fitus zynisch und landete damit unabsichtlich einen kleinen Brüller. Levi, Bastian und Louis schlugen sich vor Lachen auf die Schenkel und hielten sich die Bäuche.

»Der war gut«, keuchte Bastian und klopfte seinem Kollegen auf die Schulter. »Ich wusste gar nicht, dass du auch witzig sein kannst.«

Kapitel 17

Levi konnte innerhalb kurzer Zeit einen kleinen Stab zusammenstellen. Vornehmlich griff er dabei auf Bekanntschaften aus seinen zahlreichen ehrenamtlichen Tätigkeiten zurück, von denen er dachte, sie recht schnell von der Sache überzeugen zu können. Das funktionierte auch recht gut, denn die meisten im christlichen Glauben verankerten Menschen waren dankbar für eine Bestätigung dessen, auch wenn sie anfangs noch etwas skeptisch waren. Einige taten Levis Gabe aber auch als billige Zaubertricks ab, doch einen harten Kern hatte er recht schnell formiert. Manche hatten zwar etwas Schwierigkeiten Louis als Stabschef zu akzeptieren, aber mit der Zeit wuchs die kleine Gruppe zusammen. Zumindest einigermaßen, denn Louis war zwar mit Eifer, aber nicht immer mit dem nötigen Ernst bei der Sache. Bei ihm war noch nicht wirklich angekommen, welche Tragweite ihr Tun und Handeln irgendwann haben wird. Die anderen waren dagegen vorbildliche Jünger, die dafür eben andere Schwächen aufzuweisen hatten.

Für einen Hollywoodstreifen hätte Levis erste Anhängerschaft allerdings nicht gereicht, denn es waren teilweise schon recht eigentümliche Gestalten, die sich auf die Schnelle von Levi überzeugen ließen. Anfangs gaben sie eher das Bild einer erwachsen gewordenen Pfadfindergruppe ab, als das eines Weltverbesserungskommandos.

Selbstverständlich waren es in dieser Zeit nicht nur Männer, die als Follower rekrutiert worden waren, denn auch hier sollte der Fortschritt und vor allem die Gleichberechtigung nicht haltmachen. So kam es, dass eine der ersten in Levis Anhängerschaft Helena war. Sie war eine Mischung aus Hippie, Ökotante und Frauenrechtlerin. Sie kleidete sich mit sehr gewöhnungsbedürftigen Gewändern und gerade Louis hatte etwas Schwierigkeiten mit ihrer Einstellung. Und andersrum natürlich auch. Wobei nicht ganz klar war, ob Helena damit zufrieden war, als eines der wenigen weiblichen Wesen nicht von Louis auf irgendeine Art angemacht zu werden, oder ob ihr genau das total gegen den Strich ging. In Louis Augen gehörte sie genau zu der Fraktion Frauen, die sich immer über Männer wie ihn beschweren, aber aufgrund ihres Äußeren sowieso nie in Bedrängnis kamen. Er war davon überzeugt, dass gerade dieser Typ Frau mit voller Achselbehaarung, selbst gestrickten Wollsocken und dürftiger Körperpflege nicht das Geringste zur Gleichberechtigung beigetragen hatten. Doch mit der Zeit lernte er ihr scheinbar unermessliches Wissen, was den christlichen Glauben anging, zu schätzen und Helena schien es auch irgendwie zu genießen, genau ihm immer wieder helfen zu können. Von den kleinen Sticheleien am Rande mal abgesehen.

Dann waren da Sebastian, Jonas und Holger. Allesamt ebenfalls absolut bibelsicher und voll davon überzeugt, mit Levi an der Spitze eine Revolution starten zu können. Wie das allerdings gehen sollte, war ihnen noch völlig schleierhaft. Und so waren die meisten zwar sehr bemüht, aber ihr Aktionismus hielt sich, was werbewirksame Taten anbelangte, in Grenzen. Mit kleineren guten Taten war eben die Menschheit in der heutigen Zeit nicht zu erreichen. Da musste schon ein bisschen mehr her, als überdurchschnittlich oft älteren Menschen über die Straße zu helfen. Gleichzeitig war es Levi aber strengstens untersagt, seine Gabe zu schnell in großem Maße einzusetzen, da das Himmelsmanagement davon ausging, die Menschheit könnte trotz eindeutiger Beweise auf die Existenz eines neuen Heilands ablehnend und vielleicht sogar aggressiv reagieren. Levi sollte zuerst in mühsamer Kleinarbeit eine solide Basis schaffen, um dann mit einem großen Stamm Anhänger die frohe Kunde zu verbreiten.

Louis hatte in der Gruppe am wenigstens Geduld und wollte nach einiger Zeit die ganze Sache beschleunigen. Er arbeitete intensiv an einer Idee, die er aber vor den anderen geheim hielt. Erst als die Sache im Rollen und innerhalb kürzester Zeit klar war, dass der Erfolg seiner Aktion sogar die eigenen Erwartungen bei Weitem übertreffen sollte, rief er den ganzen Stab zusammen. Mittlerweile hatten sie sich ein schönes Büro eingerichtet, dass Bastian von seinen Pokereinnahmen finanzierte. Dieser musste eine ganze Weile auf Fitus einreden, um ihm klarzumachen, dass dies für das Gelingen der Mission absolut notwendig war. Bastian argumentierte damit, dass andere Zeiten andere Mittel erforderten. Und schließlich nahm er das Geld dafür ja nur irgendwelchen Ganoven aus dunklen Hinterzimmern ab. Widerwillig und vor allem mangels ertragreicher Alternativen, ließ er sich darauf ein. Aber nur unter der Bedingung, intensiv nach Sponsoren zu suchen. Das wiederum war Bastian völlig egal, denn er würde so oder so pokern.

Louis warf den Beamer an und begann mit seinem Vortrag. An der Wand prangerte in großen Lettern der Schriftzug Jesus 2.0. Alleine das sorgte schon für Gemurmel, noch bevor die eigentliche Präsentation begonnen hatte.

»Wie ihr wisst, habe ich in den letzten Wochen sehr intensiv ein Projekt verfolgt«, begann Louis seine Ausführungen und wurde sofort von Bastian unterbrochen.

»Das alleine ist ja schon ein Widerspruch in sich. Du und intensiv arbeiten.« Bastian klopfte sich auf seine Schenkel und stieß ein herzhaftes Lachen aus, in das zumindest ein Teil des Stabes mit einstimmte. Levi inklusive, der trotz seiner mittlerweile angenommen Aufgabe, die nötige Portion Humor bei der Arbeit nicht vergaß. Auch wenn sein Freund Louis immer wieder für Unruhe sorgte, war es gerade er, der ihn diese Aufgabe durchziehen ließ. Ohne seinen Humor, auch wenn der gelegentlich bequem unter jeder Tür durchzuschieben war, hätte er sicher nicht halb so viel zu lachen.

»OK«, antwortete Louis ernst und fügte hinzu: »Du darfst das sagen, als faulster Engel der Milchstraße.« Danach setzte auch Louis in das Gelächter mit ein und dann war es natürlich wieder Fitus, der die Spaßbremse zog.

»Könnten wir jetzt endlich mal zum Punkt kommen«, unterbrach er wie so oft die lustige Runde. »Oder hältst du uns nur von der Arbeit ab, weil dir langweilig ist.«

»Du hältst die Fresse«, zischte Louis in Fitus' Richtung. »Sonst kannst du wieder Kaffee kochen und dir ein Röckchen anziehen.«

»Diese Aussage war jetzt aber nicht korrekt«, meckerte Helena und schob sich dabei eine fettige Haarsträhne aus dem Gesicht. Louis wollte gar nicht wissen, wie lange diese Haarpracht schon nicht mehr gewaschen war und was wohl alles schon darin ein Zuhause gefunden hatte.

»Wieso?«, fragte er mit einem breiten Grinsen im Gesicht. »Lieber Fitus im Röckchen, als du.« Und wieder verfiel ein Großteil der Anwesenden in schallendes Gelächter. Fitus hätte zwar gerne Partei für Helena ergriffen, aber da er gerade endlich mit seinen Fähigkeiten entsprechenden Aufgaben betraut wurde, hielt er dann doch lieber den Mund. Fitus konnte Louis alleine schon deshalb nicht leiden, weil ihn eigentlich überhaupt nichts dazu qualifizierte, den Stabschef zu spielen.

»Jetzt ist aber mal wieder gut«, versuchte nun Levi die Situation wieder etwas zu beruhigen. Er fand die Sprüche seines Freundes zwar fast immer richtig gut, aber er konnte ja schließlich als Chef nicht zu einseitig reagieren. Auch wenn er sich Helena selbst nicht im Röckchen vorstellen wollte.

»Aber Louis soll sich entschuldigen«, sagte Helena beleidigt.

»Louis?« Levi schaute seinen Freund auffordernd an, um endlich wieder zur Sache kommen zu können.

»Oh Mann«, stöhnte er. »Von mir aus. Entschuldigung liebe Helena.«

»So, können wir jetzt?«, fragte Levi.

»Ja, Sir«, schrie Louis, salutierte und schlug die Hacken zusammen. Fitus schüttelte zaghaft den Kopf und fragte sich, womit er das verdient hatte. Bastian konnte sich das Grinsen nicht verkneifen und auch bei Levi zuckten schon wieder die Mundwinkel. Doch er konnte sich gerade noch beherrschen und deutete seinem Freund mit einer Handbewegung an, endlich zu beginnen.

»Dann mal los«, forderte Louis sich selbst auf und begann mit seinem Vortrag. »Wie ihr alle wisst, waren unsere Bemühungen, die breite Masse zu erreichen bisher nicht gerade von Erfolg gekrönt. Auch mir ist bewusst, dass wir mit Bedacht vorgehen sollten, aber ich habe mich gefragt, wie wir das anstellen sollen, wenn keiner von der Existenz Levis weiß.«

Louis machte eine kurze Pause, schaute in fragende Gesichter, und da ihn keiner dazu aufforderte, machte er eben von alleine weiter.

»Dann ist mir die Idee mit Jesus 2.0 gekommen. Warum sollten wir nicht die Social Networks als Verbreitungsportale nutzen? Aus diesem Gedanken heraus habe ich bei Facebook eine Fanseite für Levi angelegt.«

Louis zeigte das nächste Bild seiner Präsentation, das einen Screenshot der Facebook-Seite darstellte. Doch bevor konstruktive Kommentare kamen, gab es sofort wildes Durcheinandergerede. Grund dafür war das Profilbild, das Louis gewählt hatte. Es zeigte ein Gesicht, das mit viel Fantasie zwar an Levi erinnerte, aber komplett entstellt wirkte. Die Person auf dem Foto erschien deutlich älter und vor allem sah sie auf den ersten Blick unsagbar böse aus. Während der Stab Louis wildeste Beschuldigungen an den Kopf warf, schaute Levi das Bild sehr intensiv an und hob die Hand.

»Jetzt seid doch mal ruhig«, forderte er seine Mitarbeiter auf. »Wenn alle durcheinanderschreien, kommen wir auch keinen Schritt weiter.«

Es dauerte einen kleinen Moment, aber dann verstummten die Streithähne. Levi schaute immer noch das Foto an. Dann schaute er zu Louis.

»Bin das Ich?«

»Wer denn sonst?«, antwortete Louis, als ob es selbstverständlich wäre, Levi sofort darauf zu erkennen.

»Hab ich schon so lange nicht mehr in den Spiegel geschaut, oder kann es sein, dass du ausversehen jemand anderen fotografiert hast? Und wenn das wirklich ich sein soll, wo hast du dieses Bild gemacht?« Levi hielt kurz inne und stellte noch eine Frage hinterher. »Und was zum Teufel hast mit dem Bild gemacht, dass ich aussehe, als ob ich zur Gegenseite gehöre?«

»Weißt du noch, als du mich von deiner Gabe überzeugt hast?«

»Am Brunnen?«

»Genau. Da hab ich das Foto mit dem Handy gemacht.«

»Und an diesem Tag hab ich so ausgesehen?«, fragte Levi ungläubig und konnte sich kaum vorstellen, solche Mengen Alkohol in sich hineinschütten zu können, dass so etwas dabei herauskam. Und wenn, dann sollte er schleunigst damit aufhören.

»Na ja«, antwortete Louis zögerlich. »Nicht ganz. Aber lass mich kurz erklären, wie es dazu gekommen ist.«

»Ich bin ganz Ohr.« In diesem Moment kamen Levi erste Zweifel daran, ob sein Freund der Aufgabe wirklich gewachsen war.

»Zuerst habe ich es mit einem Foto von dir versucht, auf dem du nett lächelst.«

»Was hast du versucht?«, fragte Levi dazwischen, dessen Zweifel immer größer wurden.

Fitus schüttelte unentwegt den Kopf und biss sich auf die Zunge, um nicht wieder zum Kaffeeholen verdonnert zu werden.

Bastian dagegen amüsierte sich prächtig. Bastian amüsierte sich eigentlich immer prächtig, wenn er nichts weiter zu tun hatte, als den Diskussionen anderer zu lauschen, in denen nicht er selbst im Fadenkreuz stand.

»Das mit der Facebook-Seite. Aber ich habe dafür geworben und in einer Woche gerade mal 36 „Gefällt mir" Klicks bekommen. Frag mich nicht warum, aber das hat überhaupt niemanden interessiert. Dann habe ich dein Bild vor etwa einer Woche ein bisschen mit Photoshop bearbeitet, dich ein bisschen älter gemacht, aber den Blick auf dem Foto hattest du in diesem Moment wirklich.«

»Was für ein Moment war das genau?«

»Woher soll ich das wissen? Ich hab so viel Tequila Sunrise getrunken, dass ich froh bin, überhaupt noch zu wissen, dass ich am Brunnen war.«

»Und dann?«, hakte Levi nach.

»Wie und dann?«, fragte Louis, der nicht genau wusste, was sein Freund jetzt meinte.

»Na was ist dann mit dem neuen Foto passiert?«

Genau auf diesen Moment hatte Louis gewartet. Seinen ersten Screenshot hatte er so platziert, dass die Anzahl der Fans nicht erkennbar war. Er tippte auf seinen Laptop, wechselte zu seinem Internetbrowser und zeigte die aktuelle Ansicht der Seite Jesus 2.0.

136.175 „gefällt mir" Klicks waren da zu sehen. Louis strahlte wie ein Honigkuchenpferd und wartete auf Lob. Seine Kollegen starrten unentwegt auf diese Zahl und wussten im ersten Moment nicht, was sie dazu sagen sollten. Egal wie man zu Louis stand, die Zahl war definitiv beeindruckend. Der erste, der etwas sagte, war Bastian.

»Klasse Louis. Ich hab schon immer gewusst, dass in dir großartige Fähigkeiten schlummern, die jetzt langsam ans Licht kommen.«

Fitus brummelte vor sich hin und äffte heimlich Bastian nach. Louis und großartige Fähigkeiten. So ein Quatsch. Fitus ärgerte sich tierisch über diesen Alleingang.

Alle anderen wussten im ersten Moment gar nicht, was sie von all dem halten sollten. Der Messias auf Facebook. War das im Sinne des Himmels? Oder hatte Louis tatsächlich recht und heutzutage konnte man ohne diese Hilfsmittel keinen mehr erreichen?

Man konnte es drehen und wenden wie man wollte. Auch wenn es einigen überhaupt nicht in den Kram passte, dass es gerade Louis war, der Levis Bekanntheitsgrad quasi über Nacht in ganz neue Dimensionen geschossen hatte, waren sie nun schon ein riesiges Stück weiter. Auch wenn die Mittel, oder vielmehr das Foto, das Louis dazu benutzt hatte, ziemlich fragwürdig waren.

»Und wie sieht nun dein Plan aus?«, wollte Fitus wissen, nachdem die ersten Lobeshymnen endlich wieder verstummt waren.

»Keine Ahnung«, antwortete Louis wahrheitsgetreu.

»Wie? Keine Ahnung. Du willst uns jetzt damit sagen, dass du keine Ahnung hast, wie es weitergeht? Versteh ich das richtig?«, fragte Fitus.

»Hey, jetzt halt mal den Ball flach«, entgegnete Louis. »Ich hab die Basis geschaffen. Für den Rest seid ihr die Experten. Oder willst du ernsthaft, dass ich jetzt auch noch anfange in Levis Namen, die christliche Lehre zu verbreiten?«

»Auf keinen Fall«, antworteten Fitus, Helena und einige andere sofort synchron.

»Seht ihr. Aber eines ist klar. Die Welt will einen richtig coolen Jesus. Keinen der einfach nur nett ist.«

Kapitel 18

Levis Mannschaft konzentrierte sich von nun an voll auf die neuen Verbreitungsmöglichkeiten und schafften es tatsächlich über dieses Medium immer mehr Menschen auf der ganzen Welt zu erreichen. Helena rekrutierte einige Administratoren für Levis Fanseite, die in verschieden Sprachen die Posts verbreiteten und so kamen auch erste internationale Diskussionen zustande. All das geschah noch vor dem Coming-out Levis. Obwohl es nicht ersichtlich war, dass es diesen Jesus 2.0 wirklich gab, entfachte diese moderne Art mit christlicher Geschichte umzugehen und den Platz des Glaubens in der neuen digitalisierten Welt zu diskutieren, immer mehr Anhänger. Louis beobachtete zufrieden, dass seine Aktion in recht kurzer Zeit die Millionenmarke an „Gefällt mir" Klicks knackte und ein Ende nicht in Sicht war.

Dann war es plötzlich soweit. Der erste Beweis für die Existenz Levis sollte verbreitet werden. Leider wusste keiner, wie man das anstellen sollte. Schließlich konnte Levi ja nicht alle Brunnen dieser Welt mir Tequila Sunrise füllen. Für die breite Masse sollte es eine bescheidene und gleichzeitig eindrucksvolle Demonstration werden.

»Bescheiden passt aber nicht zum Profilbild«, sagte Louis, dem eine richtig coole Jesusshow viel lieber gewesen wäre.

»Das Profilbild passt auch nicht zu Levi«, entgegnete Fitus, traf damit zwar den Nagel auf den Kopf, erntete aber nicht wirklich ein Lob.

»Fresse!«, herrschte Louis ihn an. Die beiden waren sich trotz intensiver Zusammenarbeit kein Stück näher gekommen. Auch wenn es zwischenzeitlich so ausgesehen hatte. Fitus hasste Louis dafür, dass er trotz offensichtlicher Ahnungslosigkeit, immer wieder mit irgendetwas einen Glückstreffer landete und er ihm daher seine Inkompetenz nicht einmal vorwerfen konnte. Louis machte sich über Fitus deutlicher weniger Gedanken. Er hielt ihn einfach für einen klugscheißenden Vollpfosten.

Levi dagegen hatte sich und seine Gabe mittlerweile vollkommen im Griff. Er hatte seine Fähigkeiten schon lange nicht mehr für Frauengeschichten eingesetzt. Auch auf die Idee seines Freundes, als zweites Standbein parallel zur Weltrettung das Sangriagewerbe am Ballermann aufzumischen, hatte er erfolgreich verzichtet. Doch jetzt musste eine Demonstration seiner Gabe die Existenz des neuen Heilands beweisen. Die Diskussionen darüber waren ziemlich kontrovers. Genauso kontrovers wie er selbst und das Profilbild.

»Levi soll einen Kranken heilen«, schlug Helena vor.

»Wenn ich das tue und irgendjemand herausfindet, wo ich wohne, stehen wahrscheinlich drei Tage später zwei Millionen Menschen vor meiner Tür«, gab Levi zu bedenken.

»Und du meinst, wenn du übers Wasser gehst und die Leute dir glauben, schließen sie nicht automatisch darauf, dass du Kranke heilen kannst?«, stellte Louis fest. »Ich bin zwar kein Bibelprofi, aber das wäre eine der ersten Schlussfolgerungen, die ich ziehen würde.«

»Damit hat er wohl recht«, bestätigte Fitus und Louis traute seinen Ohren nicht. Der Arsch von einem Engel gab ihm doch tatsächlich recht. Da konnte etwas nicht mit rechten Dingen zugehen. Die Erklärung dafür ließ auch nicht lange auf sich warten. »Die Welt hat sich in den letzten 2000 Jahren komplett verändert. Fast jeder kann innerhalb eines Tages an jedem beliebigen Ort auf der Welt sein. Wir müssen mit Bedacht vorgehen, sonst wird die eigentliche Sache in der Bedeutungslosigkeit verschwinden, weil jeder das eigene Problem gerichtet haben will.«

Schweigen stellte sich ein. Am Besprechungstisch herrschte gespenstische Stille. Selbst Louis dachte darüber nach und musste sich eingestehen, dass der Klugscheißer wirklich recht hatte. Levi konnte nicht einfach einen wilden Zauber durchführen und alle waren glücklich und zufrieden. Sein Blick schweifte durch die Runde und Louis stellte fest, dass alle Augen auf ihn gerichtet waren.

»Was glotzt ihr alle so?«, fragte er erschrocken.

»Du bist der Stabschef. Wir warten auf eine Idee«, antwortete Fitus und konnte ein zaghaftes aber sehr zufriedenes Lächeln nicht unterdrücken.

Der engste Kreis um Levi verfiel in eine heftige Diskussion und er fragte sich, was das eigentlich sollte. Schließlich war er der Messias und keiner von den anderen. Nur Bastian hielt sich aus der Diskussion heraus, schüttelte nur den Kopf und träumte von der Rente. Alle waren so sehr damit beschäftigt, sich zu streiten, dass keiner merkte, wie Levi aufstand, Bastian ein Zeichen gab und gemeinsam mit ihm den Raum verließ. Bastian war dankbar für diese Erlösung und folgte ihm, ohne nach dem Grund zu fragen.

»War das bei Jesus auch so ein Theater?«, fragte Levi nach einiger Zeit.

»Nein«, antwortete Bastian, ohne zu überlegen. »Aber es war eben eine andere Zeit. Da hat Fitus schon recht. Jesus hatte nicht das Problem, von Anhängern überrannt zu werden. Zu dieser Zeit war kaum jemand mobil und die Strecke zwischen zwei Ortschaften zu überbrücken, dauerte teilweise schon Tage. Allerdings haben so die Geschichten über Jesus erst lange nach seinem Tod den Weg in die Welt gefunden. Und jeder hat es irgendwann so ausgelegt, wie er wollte. Es wurden falsche Schlüsse gezogen, Dinge im Namen des Herrn vollzogen, für der er sich heute noch schämt. Du siehst, jede Zeit hat so seine Schwierigkeiten.«

»Und jetzt?«

»Keine Ahnung.«

»Na toll.«

»Lass uns ein Bier trinken gehen. Das Wetter ist so schön und die anderen werden wohl noch eine ganze Weile brauchen, bis ihnen aufgefallen ist, dass wir weg sind.«

»Löst du alle Probleme mit Biertrinken?«

»Quatsch. Aber warum sollen wir uns nicht eine kurze Auszeit nehmen?«

»Von mir aus.«

Irgendwann kam Bastian auf eine ganz einfache und trotzdem geniale Idee.

»Lass uns ein kleines Video drehen und es ins Netz stellen. Du auf einer grünen Wiese.«

»Und dann? Soll ich Gänseblümchen pflücken, oder was?«

»Nein, du stellst dich einfach kurz vor.«

»Und was soll ich sagen. Ich bin Levi, Jesus ist mein Halbbruder und ab morgen rette ich die Welt?«

»Was weiß ich«, stöhnte Bastian. »Lass dir halt was einfallen. Wenn es mit so etwas nicht funktioniert, kannst du ja immer noch auf Louis hören und die coole Sau markieren, dass zum Profilbild passt.«

»Oh Mann«, stöhnte nun auch Levi. »Kann nicht ein anderer die Welt retten?«

»Auf keinen Fall. Oder glaubst du ich hab schon wieder Lust auf dieses Theater, bis der Nächste soweit ist? Das kannst du dir abschminken.«

Levi ließ sich widerwillig auf Bastians Videoaktion ein. Er hatte eigentlich überhaupt keine Lust, im Mittelpunkt zu stehen. Auf der anderen Seite ließ es sich aber wohl nicht vermeiden. Schließlich war er ja der Messias.

Levi saß unter einem Baum auf einer wirklich wunderschönen Wiese und hatte irgendwie ein ganz komisches Gefühl in der Magengegend. Er war sich überhaupt nicht sicher, ob das hier gut war. Ihm wollte zwar nicht auf Anhieb einfallen, was direkt dagegensprechen könnte, schaffte es aber nicht, seine Zweifel beiseitezuschieben. Irgendwann musste er ja aus der Deckung kommen, aber irgendwie war ihm das mit der Facebook-Aktion seines Freundes viel zu schnell gegangen. Die Zeit davor, als sie in kleineren Gesprächsrunden nach und nach ein paar Follower angeworben hatten, war eher sein Ding. Doch jetzt war er innerhalb kürzester Zeit tierisch bekannt geworden. Oder besser gesagt dieses furchteinflößende Profilbild ist bekannt geworden. Scheinbar musste man polarisieren, um gehört zu werden. Einfach nur nett sein reichte wirklich nicht aus. Und ob der Hype lange anhalten würde, wenn nicht endlich ein Beweis seiner Existenz folgte, bezweifelte er auch.

»Jetzt setz dich mal halbwegs gerade hin und lächle«, rief ihm Bastian zu, der drei Meter entfernt eine Videokamera auf einem Stativ befestigt hatte. »Wir können dann loslegen.«

»Jetzt schon?«, fragte Levi, der so in Gedanken versunken war, dass er vergessen hatte, sich etwas zurechtzulegen.

»Du kannst loslegen«, sagte Bastian noch einmal und startete die Aufnahme. Levi sagte ein paar Sekunden gar nichts, weil er nicht die leiseste Ahnung hatte, wie er sich so einer Masse an Menschen vorstellen sollte. Er wäre viel lieber aufgestanden und einfach gegangen. Vielleicht sollte er sich doch mit Louis ins Sangriagewerbe flüchten und ein Leben in Saus und Braus führen. Dummerweise meldete sich sein Gewissen schon, bevor er den Gedanken zu Ende gedacht hatte, und zwang ihn zu reden.

»Äh ... Hallo«, waren die ersten Worte. Jeder andere hätte nochmal angefangen, aber Bastian dachte gar nicht daran. Schließlich sollte es natürlich wirken und vor allem hatte er keine Lust den ganzen Tag auf der Wiese zu verbringen. Mit kreisenden Handbewegungen bedeutete er Levi fortzufahren.

»Ich bin Levi. Ich bin praktisch Jesus 2.0. Also der Typ, der sich hinter diesem gruseligen Profilbild auf der Facebook-Seite verbirgt. In Wirklichkeit sehe ich aber gar nicht so grimmig aus, wie ihr gerade ja selbst seht. Nur mein Stabschef hat gemeint, marketingtechnisch wäre das besser so«, begann Levi seine Vorstellung. Er redete noch eine ganze Weile und Bastian fragte sich, was Levi noch alles erzählen wollte. Es war, als wollte er sein ganzes Leben in komprimierter Form vortragen. Scheinbar tat ihm das sogar gut. Es war, als redete er sich eine Last von der Seele. Nach einer knappen Viertelstunde gab Bastian vermehrt Handzeichen die Sache etwas abzukürzen. Und dann geschah etwas völlig Unerwartetes. Levi war mit seinen Ausführungen chronologisch endlich wieder am Tag der Videoaufzeichnung angelangt, als ein kleiner Vogel aus dem Nest fiel. Der leblose Körper landete genau vor ihm. Der kleine Vogel hatte schon ein dünnes Gefieder, doch er bewegte sich nicht mehr. Levi beugte sich vor und legte ihn vorsichtig auf seine Hand. Bastian filmte weiter, obwohl er eigentlich gar nicht wusste, warum. Levi legte seine andere Hand zaghaft über den kleinen Körper, als wollte er ihn wärmen. Bastian konnte sich nicht erklären, an was es genau lag, dass seine Wahrnehmung plötzlich viel intensiver wurde. Es war wieder, wie bei diesem kleinen Jungen, der sich das Knie aufgeschürft hatte. Eine unbeschreibliche Aura umgab Levi. Es war, als würde der Tag noch ein Stückchen heller, die Luft ein bisschen wärmer werden und die Wiese auf der Levi saß, erschien plötzlich so sanft und weich, dass Bastian den Wunsch verspürte, sich an sie zu schmiegen. Er geriet so sehr ins Träumen, dass er fast das Unglaubliche verpasst hätte. Der Vogel bewegte sich wieder. Zuerst kaum sichtbar, dann flatterte er mit seinen Flügeln, ohne jedoch fliegen zu können.

»Wie hast du das gemacht?«, fragte Bastian.

»Keine Ahnung«, antwortete Levi überrascht und musste erst einmal damit fertigwerden, einen toten Vogel zum Leben erweckt zu haben. Er saß stumm auf dem Boden und beobachtete das kleine Lebewesen in seiner Hand. Er hatte das Gefühl der Vogel würde ihn anschauen. Es schien, als wisse dieses Geschöpf ganz genau, was mit ihm da gerade passiert war. Nur Levi konnte es immer noch nicht einordnen und war etwas überfordert.

Bastian dagegen war sich sicher, das Video des Jahrhunderts im Kasten zu haben. Auch wenn Levi anfangs einen rechten Mist erzählt hatte, sprachen die letzten Minuten auch ohne Worte Bände.

Zum ersten Mal war Bastian froh um sein Smartphone, das ihm quasi aufgezwungen wurde. Er wollte im Gegensatz zu den anderen am liebsten überhaupt nicht erreichbar sein. Der Einsatz auf der Erde überstieg sowieso schon um Längen seine ursprüngliche Vorstellung eines entspannten Besuches und mit diesem verdammten Ding, konnte er nicht einmal mehr behaupten von irgendwas nichts gewusst zu haben. Bastian hätte niemals damit gerechnet, dass er und Fitus dauerhaft im Kreise Levis für Unterstützung sorgen sollten. Es war zwar aufregend, aber im Himmel konnte er eine deutlich ruhigere Kugel schieben. Bastian verband seine Kamera mit dem Smartphone, lud das Video direkt auf Youtube und verlinkte es auf der Facebook-Seite. So eine Aktion ohne den engsten Kreis des Teams durchzuziehen würde zwar mit Sicherheit Ärger geben, aber der Tag war Bastian schon anstrengend genug vorgekommen. Auf eine Diskussion mit Fitus und Helena hatte er definitiv keine Lust.

Levi dachte immer noch an den Vogel und hatte das Video schon fast wieder vergessen. Er setzte ihn vorsichtig ins Gras und lief zu Bastian.

»Meinst du er wird wieder von seiner Mutter angenommen?«

»Keine Ahnung«, antwortete Bastian. »Aber ich glaube er will auch gar nicht. Dreh dich mal um.«

Levi schaute zurück und sah, wie der kleine Vogel mühsam durch das Gras hüpfte und ihm folgte.

»Du wirst ihn adoptieren müssen«, fügte Bastian mit einem Lächeln hinzu.

Levi bückte sich ohne ein weiteres Wort und nahm seinen kleinen Freund wieder auf die Hand.

»Sollen wir das Video nochmal aufnehmen, oder können wir es so lassen?«, fragte Levi, der schon gar nicht mehr wusste, was er alles erzählt hatte.

»Wir lassen es«, antwortete Bastian. »Ich hab es eh schon hochgeladen.«

»Wie? Wo hochgeladen?«

»Youtube.«

»Ohne mit den anderen zu reden?«

»Damit Fitus wieder zu jedem Satz den du gesagt hast seinen allwissenden Senf dazugibt und Helena vielleicht auch noch etwas findet, das politisch nicht korrekt ist? Da hab ich keine Lust drauf.«

»Na dann.«

Kapitel 19

Während Levi sich fragte, warum er sich eigentlich für Bastians Aktion mit dem Video vor seinem Stab rechtfertigen musste, beobachtete nicht weit von ihnen Asmodeus den kontinuierlich wachsenden Bekanntheitsgrad Levis mit Sorge. Hatte es das letzte Jahr über noch so ausgesehen, als würden Levi und seine Anhänger auf der Stelle treten, explodierte spätestens mit dem Erscheinen dieses Videos auf Youtube, Levis Beliebtheit. Bekannt war er durch diese fragwürdige Facebook-Seite schon vorher. Und das, obwohl er ja noch überhaupt nichts gemacht hatte. Die Klicks auf Levis Video rasten in kürzester Zeit in astronomische Höhen, was aber leider von dessen Stab komplett verpasst wurde, da sie nur damit beschäftigt waren, sich über diesen Alleingang zu ärgern. Nur Louis ärgerte sich nicht. Der dachte wieder an Mallorca und fragte sich, ob die Jünger von Jesus vor zweitausend Jahren genauso im Kreis diskutiert haben. Nebenbei surfte er ein wenig im Internet und klickte noch mal auf den Link zum Video.

1.053.365 Menschen hatten das Video angesehen. Und das innerhalb weniger Stunden. Er aktualisierte die Facebook-Seite und sah, wie diese vor Einträgen fast überquoll.

»Schaut mal her!«, rief Louis in die wild durcheinander quatschende Gruppe und zeigte auf seinen Bildschirm. Bastian realisierte am schnellsten, was sich abspielte.

»Das Video war ein Volltreffer«, bemerkte er zufrieden. »Und jetzt will ich von jedem einen aufrichtigen Händedruck und ernstgemeinte Glückwünsche. Auch wenn es euch nicht passt, waren es doch Louis und ich, die endlich Schwung in die Sache brachten.«

»Absolut«, stimmte Louis zu und fing an quer durchs Büro zu tanzen, um sämtliche mehr oder weniger sinnvollen Bewegungsabläufe, die Fußballspieler nach einem Torschuss zelebrierten, zum Besten zu geben. Levi grinste innerlich und war froh, dass die beiden ein solches Erfolgserlebnis zu verbuchen hatten. Irgendwann wären sie und ihre teilweise fragwürdigen Methoden mit Sicherheit infrage gestellt worden. Wobei, irgendwann war so nicht richtig. Die beiden wurden hinter vorgehaltener Hand grundsätzlich infrage gestellt.

»Da muss ich zustimmen«, sagte Levi und freute sich mit Bastian und Louis. Noch konnte er nicht abschätzen, was dieses Video für Auswirkungen auf sein Leben haben würde. Nach und nach gratulierten die anderen Stabsmitglieder tatsächlich, auch wenn man Fitus und Helena anmerkte, dass sie diesen Erfolg lieber selbst eingefahren hätten.

»Ich muss etwas unternehmen«, grummelte Asmodeus vor sich hin und überlegte fieberhaft, was er gegen diese wachsende Begeisterung tun könnte. Irgendwann erinnerte er sich wieder an Levis Schwäche. Frauen. Vielleicht wäre das ein Ansatz. Immerhin hatte er in der Vergangenheit mehrfach seine Gabe zur Eroberung des weiblichen Geschlechts missbraucht. Ein Messias, der gleichzeitig ein Weiberheld war, würde mit Sicherheit niemand wollen. Ein paar Schnappschüsse von Levi, wie er mit einer Frau zugange war im Internet zu veröffentlichen, sollte seine Beliebtheit schmälern. Am besten gleich Fotos mit mehreren Frauen. Und dann noch Fotos von seinem Stabschef mit Frauen und am besten der ganze Rest bei einer wilden Orgie. Spätestens dann müsste der Siegeszug beendet sein. Asmodeus schmiedete mit leuchtenden Augen einen Plan, der todsicher funktionieren sollte. Durch seine ständigen Beobachtungen wusste er, dass Levi und seine Anhänger einmal die Woche nach der Arbeit zusammen in eine Bar gingen. Eine völlig langweilige Angelegenheit, wie Asmodeus dachte.

Er und seine Kollegen hatten in letzter Zeit unheimlich erfolgreich die Sünde über den ganzen Erdball gebracht. Zum Leidwesen der Kirchen waren die meisten Menschen nur noch damit beschäftigt, ihre Triebe auf irgendeine Art zu befriedigen. Selbst in den

Reihen der Kirchenvertreter gab es immer mehr Fehltritte. Und jetzt wollte dieser zusammengewürfelte Haufen mit Nettigkeiten die Menschheit überzeugen, zum Glauben zurückzufinden. Eigentlich ein Unding, das aber trotzdem zu funktionieren schien. Aus dem anfangs oft rebellischen Messias war immer mehr eine Marionette des Himmels geworden. Zumindest in den Augen von Asmodeus. Levi war mittlerweile viel zu besonnen und selbst sein Freund Louis hielt sich an gewisse Regeln, um nicht ständig aus dem Rahmen zu fallen. Er hoffte einfach, dass sie nach diesem durchschlagenden Erfolg endlich wieder richtig feiern würden. Und er hatte recht mit seiner Vermutung. Nachdem Levi auch Helena und Fitus des Friedens Willen für ihre akribische Vorarbeit gelobt hatte, die durch Bastian und Louis ihren Höhepunkt fand, konnten sich am Ende der Woche endlich alle uneingeschränkt über die neu erlangte Popularität freuen. Auch wenn Levi mit Sorge sein Email Postfach beobachtete, das mittlerweile aus allen Nähten zu platzen drohte. Seit seine Identität bekannt war und die wundersame Widerbelebung des kleinen Vogels die Runde gemacht hatte, wurde er auch immer mehr auf der Straße erkannt und die ruhigen Momente wurden weniger. Aber eigentlich sollte es ja auch genauso sein.

Der ganze Stab traf in der Stammkneipe ein und dieses Mal wurden sie von den anderen Stammgästen mit Beifall begrüßt. Glücklicherweise hatte sich wenigstens dieser Ort noch nicht weiter herumgesprochen und ihre Bar war nicht voller als sonst. Zumindest für den ersten Moment.

Eine Straße weiter stand Asmodeus und gab seinem Personal die letzten Anweisungen. Es waren fast ausschließlich Frauen, die er für diesen Einsatz angefordert hatte. Allesamt extrem gut aussehende und gut gebaute Damen, die zu allem bereit waren. Allein ihre Rundungen waren schon Sünde pur. Für Helena hatte er zwei Männer angefordert, die aber nicht leicht zu finden waren. Sie war sogar in der Hölle schon ein Synonym für ein sexfreies Leben geworden und Teil vieler Witze, die in der neu gegründeten Arbeitsgruppe „Nicht schon wieder ein Messias" regelmäßig erzählt wurden. Bei allen Beobachtungen fragten sich die Kollegen aus der Unterwelt, warum Levi sich solche Mitarbeiter in sein Team geholt hatte. Da war er schon der Messias, hatte eigentlich alle Macht der Welt und trotzdem scharte er teilweise ziemlich merkwürdige Menschen um sich herum. Gutes Personal war scheinbar trotzdem schwer aufzutreiben. Manche hatten schon fast ein bisschen Mitleid mit ihm und wollten gar nicht darüber nachdenken, wie das wohl im Himmel bei weit weniger wichtigen Mitarbeitern aussehen würde. Auch wenn die Teams in der Hölle effektiv arbeiten mussten, regelmäßigen Audits unterzogen wurden und auch nicht jeder Depp mit wichtigen Aufgaben betraut wurden, war zumindest die äußerliche Erscheinung wichtig. Schließlich sollte der Spaß bei der Arbeit ja nicht völlig verloren gehen. Das war gut für die Motivation. Genau aus diesem Grund ärgerte sich Asmodeus immer noch über die Absage Bastians. Er hatte nie verstanden, was diesen Trottel dazu bewogen hatte, sein Angebot auszuschlagen. Er hatte ihm Frauen und Kartenspiel geboten. Bastian war wohl einer der Engel, mit den schlechtesten Tugenden und trotzdem wollte er nicht. Dieser verdammte Idiot. Er selbst stand immer mehr unter Druck, weil diese explosionsartige Steigerung von Levis Bekanntheitsgrad auch bei seinen Chefs großen Unmut ausgelöst hatte. Doch sein Plan war gut. Sehr gut sogar, denn gleich nachdem er seine Frauen und Männer auf Levi und Co gehetzt hatte, gab er einem Journalisten den Tipp mit Levis Aufenthaltsort. Dieser konnte sein Glück kaum fassen, denn das wären die ersten Pressefotos von ihm überhaupt. Für den Redakteur war das alleine schon eine Sensation, ohne zu wissen, was er wirklich vor die Linse bekommen sollte.

Louis bestellte gerade die dritte Runde, als die Tür geöffnet wurde. Er schaute zufällig in Richtung des Ausgangs und konnte nicht fassen, was seine Augen erblicken durften. Der Bus mit den Kandidatinnen von

Germanys Next Top Model musste vor der Tür haltgemacht haben. Anders war die geballte Schönheit nicht zu erklären. Ausnahmslos schöne Menschen betraten den Raum. Sie waren nur mit dem Nötigsten bekleidet, was nach Louis' Meinung auch mehr als genug war. Die Röckchen waren nicht viel breiter als ein Gürtel, die Tops hauteng geschnitten und jede Kontur dieser perfekt geformten Körper zeichnete sich darunter ab. Louis tippte Levi und Bastian an. Auch der Rest der Truppe drehte sich nach und nach um, als würde eine übernatürliche Anziehung von den neuen Gästen ausgehen. Sie setzten sich auch nicht an irgendwelche Tische, sondern kamen direkt auf die Theke zu. Louis klappte der Unterkiefer herunter, Bastian sinnierte darüber, ob er für eine Sünde schon zu alt war und Levi wusste im ersten Moment überhaupt nicht, was er von der Sache halten sollte. Sebastian, Jonas und Holger hatten ganz plötzlich synchron mit Extremschweißausbrüchen und Schwindelgefühl zu kämpfen. Sie waren allesamt von der Natur äußerlich eher benachteiligt, hatten nur bedingt Erfahrung mit dem weiblichen Geschlecht und dementsprechend keine Ahnung, wie sie mit so einer Situation umgehen sollten. Die immer größer werdenden Schweißränder unter ihren Achseln trugen auch nichts zu ihrem kaum vorhandenen Selbstbewusstsein bei. Irgendwie war diese Situation paradox. So oder so ähnlich sahen regelmäßig ihre

Wunschträume aus. Jetzt schien es Wirklichkeit zu werden und der erste Gedanke war Flucht. Doch dazu waren die weichen Knie nicht mehr fähig.

Selbst Helena konnte eine gewisse Begeisterung für diese aus Stein gemeißelten Traummänner nicht einmal gewaltsam verdrängen. Ihr Herz klopfte immer schneller. Denn auch die Männer kamen auf ihre Gruppe zu. Ohne Umwege.

»Du bist Levi, stimmt's?«, fragte eine der Schönheiten. »Ich habe dein Video gesehen.«

»Äh, ja«, stotterte Levi und ärgerte sich über seine Nervosität. Was sollte das eigentlich? Er war der Messias und bekam weiche Knie, nur weil ein paar gut aussehende Frauen auf ihn zukamen. OK, er hatte wahrscheinlich noch nie in seinem Leben so attraktive Frauen gesehen. Und die schienen sich auch noch für ihn zu interessieren. Musste er nun hart bleiben oder durfte er zwischendurch auch mal wieder mit dem kleinen Messias eine Mission erfüllen? Das war doch zum Kotzen. Warum war er nur so schwach?

»Und ich bin Louis«, sagte sein Freund plötzlich und riss ihn wieder aus seinen Gedanken. »Ich bin der Stabschef. Also extrem wichtig, wenn ihr versteht, was ich meine?«

Unter normalen Umständen wäre das wohl die bescheuertste Anmache überhaupt gewesen und bei Erfolg, hätten wohl alle Alarmglocken läuten sollen, aber diese weibliche Übermacht war einfach zu groß.

Und so kam es im ersten Moment keinem komisch vor, als die nächste Frau sich sofort Louis an den Hals warf und dadurch ihre Begeisterung ausdrückte. Dann kamen Sebastian und Jonas dran. Auch sie starteten zwar holprig, aber dank dieser sehr direkten Damen ohne Umschweife, ein sehr schlüpfriges Gespräch. Holger hatte leider Pech und sein Kreislauf machte ihm einen Strich durch die Rechnung. Er verkraftete den Kontakt mit einer weiblichen Person in dieser Geschwindigkeit überhaupt nicht und lag bewusstlos auf einer Bank, während die anderen alle einem heißen Flirt nachgingen. Selbst Helena hatte bei so viel Männlichkeit alle moralischen Bedenken über Bord geworfen und lag gleich beiden Muskelbergen in den starken Armen.

Mittlerweile konnte auch Levi nicht mehr klar denken und hatte das komische Gefühl, das ihn anfangs überkommen hatte, erfolgreich verdrängt. Er ging davon aus, dass er wahrscheinlich einfach nur zu bescheiden war, und jetzt, wo er plötzlich bekannt wie ein bunter Hund war, die Frauen wirklich auf ihn flogen. Erfolg hatte auch schon ganz andere Typen sexy gemacht. Warum dann ihn nicht auch?

Die kleine Feier zum Erfolg der Videobotschaft artete nach und nach in ein gewaltiges Besäufnis aus. Sogar Fitus genoss die Gesellschaft der Damen, wenn auch er sich nach wie vor sicher war, niemals weiter zu gehen. In seiner Naivität ging er davon aus, dass seine Kollegen ebenso dachten und spätestens jetzt, da Levis Mission in vollem Gange war, den Ernst der Lage erkannt hatten. Komischerweise war es dann auch noch Louis, dem die Sache irgendwann etwas suspekt vorkam.

»Deine Ausstrahlung ist einfach unglaublich«, hörte er einen der beiden Männer neben Helena in deren Ohr säuseln. »Deine Erscheinung gleicht der einer Göttin«, setzte der andere noch eins drauf. Spätestens hier kam zumindest Louis in den Realitätsmodus zurück. Helena hatte vielleicht die Ausstrahlung eines grauen Strickpullovers von der Resterampe und göttlich war allenfalls ihr fehlendes Selbstvertrauen, das sie komplett darin kompensierte, in allen möglichen Aussagen frauenfeindliche Inhalte zu erkennen. Irgendwas war faul. Genau genommen war er, mal mit Ausnahme von Fitus' gefakter Optik, die einzige Erscheinung hier, die wenigstens halbwegs ansprechend war. Bei Levi zog vielleicht noch die Tatsache, dass er eben der Messias war, aber bei Helena halfen eigentlich nicht einmal größere Mengen Alkohol, um sie sich schön zu saufen. Sebastian und Jonas schieden sowieso aus, da sie auf der Attraktivitätsskala von 1 bis 10 nicht einmal die Null erreichten.

Während ihm all diese Gedanken durch den Kopf gingen, wurden ihre neuen Bekanntschaften ziemlich synchron immer zudringlicher. Auch er spürte eine Hand seinen Schenkel entlangstreichen und war kurz davor die Steuerung seiner Handlungen dem Kopf zu entziehen und einem anderen Körperteil zu übertragen.

»Lass mich mal durch«, sagte er widerwillig zu seiner Verehrerin, die mit Abstand die schärfste Braut war, die ihn jemals angemacht hatte, und drückte ihre Hand zurück. Er schob sich an ihr vorbei und zog Bastian von seinem Barhocker herunter.

»Komm mal mit«, flüsterte er ihm zu und ging mit ihm in Richtung Ausgang. Er wollte gerade ansetzen, seine Bedenken zu äußern, als die Tür aufflog und ein Mann sofort die Kamera zückte. Der Fotograf stürmte auf die Theke zu und schoss ein Foto nach dem anderen.

»Halt!«, schrie Louis und packte den Mann an der Schulter. Der drehte sich weg, hielt seinen Finger immer noch auf dem Auslöser und entging so Louis' Griff. So schnell, wie er gekommen war, rannte er auch wieder aus der Bar. Durch den Schrei von Louis wurden auch die anderen aus ihrer Traumwelt gerissen und realisierten plötzlich, dass dies der erste Paparazzo war, der ihnen aufgelauert hatte. Und schon beim ersten Entgleisen war er zur Stelle gewesen.

»Verdammt!«, fluchte Levi. Er nahm sich zwar immer noch nicht ganz so wichtig, aber trotzdem sah er sich und seinen Stab schon auf der Titelseite der morgigen Zeitung. Zeitgleich verloren die Groupies ihr

Interesse an Levi und seinen Leuten. Wortlos drehten sie sich um und gingen zum Ausgang. Vor allem Helena starrte den beiden Männern mit offenem Mund wortlos hinterher. Die genauen Zusammenhänge der Ereignisse konnte aber nur einer erahnen. Seine Befürchtungen wurden wenige Augenblicke später bestätigt, als er durch die große Glasscheibe Asmodeus draußen grinsend vorbeilaufen sah. Er war also wieder im Spiel. Der Gesandte der Unterwelt hatte einen Angriff gestartet der vielleicht sogar das Ende von Levis Mission bedeuten konnte, bevor sie richtig begonnen hatte.

Kapitel 20

"INTERNET MESSIAS MIT LEICHTEN MÄDCHEN BEI AUSSCHWEIFENDER FEIER ERWISCHT!"

In riesigen Lettern war diese Schlagzeile auf unzähligen Zeitungen des nächsten Tages zu lesen. Der Fotograf hatte den Deal seines Lebens gemacht, während Levi und sein Stab heftig darüber diskutierten, wer die Sache nun verbockt hatte. Im Sekundentakt tauchten neue Meldungen auf der Facebook-Seite auf. Bis auf ein paar Ausnahmen, die sich ganz furchtbar darüber freuten einem Messias folgen zu dürfen, der gerne mal die Puppen tanzen lässt, waren die Statements ziemlich negativ. Selbst vor dem Haus, in dem Levi das Büro eingerichtet hatte, fanden sich bereits die ersten Demonstranten ein. Wenn auch noch in recht kleiner Zahl, da die meisten Anhänger vor dem Rechner saßen und eher weniger Lust hatten, sich für ihren Unmut ins Freie zu bewegen. Schließlich war es viel einfacher, auf Facebook schnell zu posten, als ein Plakat mühevoll zu bemalen, das am Ende gerade mal eine Handvoll Leute zu sehen bekommen. Und dann war es an diesem Tag auch noch ziemlich heiß.

»Hätten wir nicht diesen Weg übers Internet gewählt, wäre das alles nicht passiert«, stellte Fitus fest.

»Dann wäre bis jetzt aber auch noch überhaupt nichts passiert«, sagte Bastian und hätte seinem Kollegen für diese dämliche und provozierende Aussage am liebsten eine reingehauen. Er entschied sich dann aber doch lieber für eine kleine Verbalattacke. »Ich kann mich nicht daran erinnern, dass du bisher irgendeine brauchbare Idee gehabt hättest. Außer den ganzen Tag lang klugscheißen, kannst du ja sowieso nichts. Du ärgerst dich doch nur, weil du hier keinen Arsch findest, in den du hineinkriechen kannst.«

»Und du hast doch außer deiner Zockerei eh nichts im Sinn.«

»Immerhin habe ich damit die Grundfinanzierung des Büros gestellt«, verteidigte sich Bastian. »Was hast du dazu beigetragen? Wenn ich mich recht erinnere, hast du das Geld für das Hotelzimmer auch gerne genommen. Wenn du aber ein schlechtes Gewissen hast, kannst du ja ab sofort nachts wieder in einem Baum hängen.«

»Ähh«, war das einzige das Fitus auf die Schnelle dazu einfallen wollte und daher wechselte er sofort das Thema. »Das kommt alles nur davon, dass wir uns von Louis' ausschweifendem Lebensstil anstecken ließen.«

»Ich glaub ich spinne«, sagte Louis sehr energisch. Er war innerhalb weniger Minuten schon der zweite, der Fitus am liebsten windelweich geschlagen hätte. Er war so ein Idiot, dass es kaum in Worte zu fassen war. Wenn Fitus kein Engel gewesen wäre und sich deshalb hin und her beamen konnte, wie er wollte, hätte Louis ihn sofort mit Paketklebeband gefesselt und draußen an die Ampel gestellt. »Ich glaube du stehst auf den Zeitungsfotos ganz vorne und hast die Braut mit den dicksten Melonen im Arm. Aber siehst du mich irgendwo?«

Spätestens jetzt war Fitus am Ende seiner Ausreden und setzte nur noch einmal an, sich zu verteidigen.

»Aber«, war jedoch alles, was er sagen konnte, bevor Louis ihm ins Wort gefallen war.

»Halt die Fresse und mach Kaffee«, zischte dieser und setzte noch eins drauf. »Zu etwas anderem bist du aufgeblasener Engel ja doch nicht zu gebrauchen.«

»Das war nicht korrekt«, meldete sich plötzlich Helena zu Wort, die scheinbar sofort in einen Automatikmodus verfiel, sobald auch nur die kleinste Diskriminierung am Rande des Horizonts zu erkennen war.

»Und du hältst am besten auch die Fresse. Du warst ja kurz davor, dich von diesen Typen auf der Kneipentoilette vernaschen zu lassen«, schrie Louis nun in Helenas Richtung. Sie erschrak fast zu Tode, verschüttete den Kaffee auf ihrer weißen Bluse und es offenbarte sich ein Anblick, den eigentlich keiner sehen wollte. »Und zieh dir gefälligst einen BH an.«

Das war nun wirklich unter der Gürtellinie, aber es traute sich keiner mehr, etwas zu sagen. Noch bevor die Diskussion weitergeführt werden konnte, bekam Fitus auf sein himmlisches Smartphone eine Nachricht von ganz oben. Was in diesem Fall auch geographisch ganz oben anzuordnen war.

»Oh oh«, brummelte Fitus und schaute zu Bastian. »Wir müssen sofort zu unserem Chef.«

»Ich hab's befürchtet«, sagte Bastian und machte sich zusammen mit Fitus und einem extrem unguten Gefühl auf den Weg.

Kapitel 21

»Was um Himmels Willen habt ihr euch bei dieser Aktion eigentlich gedacht?«, schrie ihr Chef Bastian und Fitus mit der Lautstärke eines startenden Flugzeuges direkt ins Gesicht.

»Welche Aktion meinst du jetzt genau?«, fragte Bastian vorsichtshalber noch einmal nach, wusste aber selbst, dass die Möglichkeit ein Lob für das Video einzuheimsen in diesem Moment eher gering war. Was eigentlich ziemlich schade war. Schließlich sollte das trotz aller Probleme nicht gleich unter den Teppich gekehrt werden.

»Das weißt du ganz genau!«

Natürlich wusste es Bastian. Aber eigentlich sah er es beim besten Willen nicht ein, hier die Schuld auf sich zu nehmen. Er hatte es zwar nur Louis zu verdanken, nicht auf den Zeitungsfotos zu sein, aber das war ja eigentlich egal. Und außerdem hatte Fitus für seine ewige Klugscheißerei endlich mal eine Abreibung verdient. Bastian hatte sich vorsichtshalber eine der Zeitungen eingesteckt, um damit im Bedarfsfall zu unterstreichen, gar nicht dabei gewesen zu sein. Jedenfalls nicht direkt. Während Fitus ausnahmsweise mal freiwillig die Klappe hielt und Kopf samt Schultern hängen ließ, hielt Bastian seinem Chef das Zeitungsfoto unter die Nase.

»Schau genau hin. Siehst du mich?«, fragte Bastian und war sich sicher, nicht extra bemerken zu müssen, dass es Fitus war, der breit grinsend eine vollbusige Frau im Arm hatte.

»Das hätte ich nicht von dir gedacht«, wurde nun Fitus angeschrien. »Selbst wenn die anderen feiern. Du bist ein Engel. Hättest du nicht wenigstens die Finger von den Frauen lassen können.«

Fitus sagte überhaupt nichts dazu. Er stand einfach nur da und zitterte. Sein Blick stur auf den Boden gerichtet, wartete Fitus auf sein Urteil. Wie ein Häufchen Elend sah er aus. Es war unglaublich, doch Bastian empfand plötzlich Mitleid mit seinem verhassten Kollegen. Und dafür nahm er sich vor, ihm irgendwann eine reinzuhauen. Es war nicht einmal möglich einfach sauer auf diesen Arsch zu sein. Jetzt war er nicht viel mehr als ein kleiner Junge, der auf die Strafe nach einem Streich wartete. Das war dann der Moment, in dem Bastian endlich wieder einfiel, dass er Asmodeus gesehen hatte, wie er an der Bar vorbeiging. Wie hatte er das nur vergessen können. Er musste hinter all dem stecken. Bastian fing aber gerade an, trotz Mitleid, die Situation zu genießen. Es kam schließlich nicht alle Tage vor, dass er einem Anschiss beiwohnen durfte, der seinem Kollegen galt.

Und ausgerechnet er musste jetzt auch noch den Retter spielen.

»Mir ist da gerade wieder etwas eingefallen«, rief Bastian dazwischen, als sein Chef die nächsten Beschimpfungen loswerden worden wollte.

»Was denn?«, fragte dieser gereizt.

»Das ist aber eine etwas längere Geschichte«, antwortete Bastian und wusste noch nicht so recht, wie er seine Bekanntschaft zu Asmodeus erklären sollte, ohne dabei selbst in Schwierigkeiten zu kommen. Sein Chef wusste viel über ihn, deckte ihn auch immer wieder, aber die Bekanntschaft zu der Konkurrenz hatte er bisher geheim halten können. Schließlich hatte er sogar ernsthaft in Erwägung gezogen, die Seiten zu wechseln. Er wollte versuchen die zeitlichen Zusammenhänge in seiner Erzählung so anzupassen, dass er die erste Begegnung mit Asmodeus auf ein paar Tage nach dem Erlebnis am Brunnen datierte, wo auch Fitus dabei gewesen war, jedoch außer Gefecht gesetzt wurde und den Vertreter aus der Hölle nicht sehen konnte. Damals hatte Fitus nicht einmal näher nachgefragt. Bastian hatte eigentlich damit gerechnet, dass dieser Streber irgendwann nachfragen würde. Wahrscheinlich war er aber so verwirrt von dieser merkwürdigen Situation gewesen und wollte sich seine Schwäche selbst nicht eingestehen. Und Bastian gegenüber schon gar nicht.

»Ich bin mir sicher, dass Kräfte aus der Hölle dahinterstecken«, fing Bastian an und erzählte eine leicht angepasste Version seiner Geschichte. Sein Chef hörte aufmerksam zu und Fitus fiel ein Stein nach dem anderen vom Herzen. Seine Verfehlung würde damit natürlich nicht einfach so vergessen werden, aber die Strafe vielleicht gemildert.

»Und das erzählst du mir erst jetzt?«

»Du bist auch mit gar nichts zufrieden.«

»Findest du? Immerhin hast du als einziger gewusst, dass die Kollegen aus dem Untergeschoss bereits aktiv sind.«

»Hm«, brummelte Bastian und konnte dem leider nicht einmal widersprechen. Damit abfinden wollte er sich aber trotzdem nicht. »Das mag sein, aber ich denke, ich bin im Moment deutlich erfolgreicher in der Mission Jesus 2.0 als unser Oberstreber hier.«

»Das ist auch wieder wahr«, bestätigte der Chef und Bastian rieb sich innerlich die Hände.

»Aber...«, setzte Fitus an, wurde aber jäh unterbrochen.

»Fresse«, zischten Bastian und sein Chef synchron.

»Und was machen wir jetzt?«, wollte Bastian wissen.

»Also ich...«, versuchte Fitus erneut einen Vorschlag einzubringen.

»Fresse!«

Plötzlich waren alle still. Fitus war der Mund verboten worden und den beiden anderen fiel nichts ein. Bastian dachte angestrengt nach, beschloss aber ziemlich schnell in den letzten Wochen schon mehr als genug getan zu haben, und stellte das Denken wieder ein. Zu anstrengend.

Sein Chef kam auch nicht weiter. Auch er runzelte die Stirn, tippte mit einem Fuß lautlos auf der Wolke herum. Das war's dann aber auch schon.

»Also gut«, sagte er zu Fitus. »Was hast du für eine Idee?«

Es war zum Mäusemelken. Immer wenn Bastian dachte, Fitus wäre als lästiges Anhängsel hinfällig geworden, drehte sich das Blatt wieder. Vielleicht war die Idee ja aber auch scheiße.

»Wir müssen den Fotografen unglaubwürdig erscheinen lassen.«

»Und wie sollen wir das machen?«

»Ich würde einen Engel in Gestalt der Bundeskanzlerin auf die Erde schicken.«

»Was willst du denn mit der Bundeskanzlerin?«

»Es muss doch so unglaubwürdig wie möglich sein.«

»Aha«, antwortete Bastian und hatte überhaupt keine Ahnung, was das werden sollte.

»Wir arrangieren ein Treffen an einem ziemlich menschenleeren Ort mit Levi und der angeblichen Bundeskanzlerin. Es dürfen so wenig Leute wie möglich auftauchen, da die sonst wahrscheinlich alle auf die beiden zustürmen würden. Dann geben wir dem Fotografen wieder einen Tipp.«

»Und dann?«, fragte Bastian und es kotzte ihn tierisch an, dass Fitus immer irgendwelche Pausen machte, dass man nachfragen musste. So ein Idiot. Aber er schien wirklich einen Plan zu haben.

»Ist das so schwer zu verstehen?«

Bastian platzte fast und ärgerte sich darüber, dass er vorhin Mitleid mit seinem Kollegen empfunden hatte. Bei Fitus würde wahrscheinlich gar nichts helfen. Bastian war davon überzeugt, dass er wohl auch auf Dauer ein Vollidiot bleiben würde. Er verkniff sich eine Antwort und wartete einfach so lange, bis der Klugscheißer von alleine weiterredete.

»Er wird natürlich Fotos machen und diese wieder an die Zeitungen verkaufen. Einige davon werden zumindest eine kurze Meldung drucken, oder es wird sich im Internet verbreiten. Dann wird es nicht lange dauern, bis festgestellt wird, dass die Kanzlerin an diesem Tag an einem ganz anderen Ort war und schon wird der Fotograf der Fotomontage beschuldigt werden. Damit können wir dann wieder an die Öffentlichkeit gehen und die Bilder von Levi und uns, werden auch nicht mehr ernstgenommen.«

»Hm«, sagte sein Chef und dachte nach. Vielleicht war die Aktion ein wenig optimistisch gedacht, aber ihm fiel ja auch nichts Besseres ein. »Also gut, es könnte klappen.«

Kapitel 22

Levi wollte eine kurze Auszeit und beschloss mit Louis loszuziehen, um auf andere Gedanken zu kommen. Zu diesem Zeitpunkt wussten sie noch nicht, dass Asmodeus hinter allem steckte. Ohne groß darüber nachzudenken, liefen sie einfach die Straße entlang, nachdem sie sich durch den Hinterausgang verdrückt hatten. Für einen Moment war alles wie früher. Keine Anhänger, keine Engel, niemand der einem Vorhaltungen machte, wie man sich als Messias verhalten sollte.

Komischerweise wusste sowieso jeder besser als Levi, wie man sich als Messias zu verhalten hatte. Jeder hatte Ratschläge parat, obwohl natürlich kein einziger einen blassen Schimmer davon hatte, wie es war, diese Gaben zu besitzen. Natürlich war es beeindruckend, wenn man Wasser in jedes beliebige Getränk auf der Welt verwandeln konnte. Oder irgendwelche Schmerzen wegzaubern und anderer Leute Gedanken beeinflussen konnte. Das war die praktische Seite. Die andere Seite sah nie jemand. Levi lebte in einer Zeit, in der zwar Massen schnell zu begeistern waren, aber trotzdem jeder sich selbst der Nächste war. Mal ganz abgesehen davon, dass die Aussicht auf Erfolg nicht wirklich groß war. Er fragte sich ständig, wie er das anstellen sollte, die Menschen zu erreichen. Was sollte er ihnen denn sagen?

»Leute, seid nett zueinander!«, wäre so eine Option. Aber wusste das eigentlich nicht jeder selbst? Das Leben könnte generell so einfach sein, wenn sich nicht immer irgendwelche Idioten dazu berufen fühlen würden, anderen das Leben schwer zu machen. Wen sollte er ansprechen? Die Menschen, die sowieso ein vorbildliches Leben führten? Oder doch die Idioten? Egal wie er es machte, würde sich immer irgendjemand im Nachteil sehen. Wahrscheinlich würden sich irgendwann die Guten und die Idioten zusammenschließen und ihn gemeinsam ans Kreuz nageln. Kurz bevor er den Tiefpunkt seiner gedanklichen Reise erreicht hatte, wurde er schlagartig wieder zurück in die Realität katapultiert. Und zwar durch einen leichten Schlag am Hinterkopf. Einen Moment später wurde es nass und Levi fasste mit der Hand an die getroffene Stelle. Es war ein zerplatztes Ei.

Er drehte sich um und sah etwa drei Meter entfernt eine kleine alte Frau stehen. Sie hatte einen Sechserpack Eier in der Hand und eine Einkaufstüte lag auf dem Boden. Bevor Levi etwas sagen konnte, holte sie aus und warf ihm das nächste Ei mitten ins Gesicht.

»Aber...«, setzte Levi an, kam aber nicht weiter. Wie eine Maschinengewehrsalve schlug ein Ei nach dem anderen ein. Zum Glück hatte sie keinen Zehnerpack.

»Du Schwein«, schrie die kleine Frau ihren Eiern hinterher. Louis wollte schon einschreiten, aber Levi hielt ihn mit einer Handbewegung zurück.

»Ich kann ihre Aufregung verstehen, aber es wird sich sicher alles aufklären.«

»Was wird sich aufklären, du Idiot?«, keifte die Frau mit greller Stimme weiter.

»Das mit den Fotos. Es war nicht so, wie es aussieht.«

»Was redest du da für einen Scheiß, du Rotzlöffel. Schau in Zukunft lieber wo du hinläufst, bevor du ältere Damen anrempelst. Ich hab vor Schreck meine Tüte fallen lassen und du hast nicht mal angehalten. Ihr jungen Leute habt keinen Anstand mehr. Sei froh, dass ich meinen Stock nicht dabei habe.«

Louis stand daneben und grinste in sich hinein. Auch ihm war es nicht aufgefallen, dass sie die Frau wohl wirklich gestreift hatten. Das Witzige daran war aber die Tatsache, dass Levi davon ausgegangen war, die Frau hätte ihn nach den Bildern in der Zeitung erkannt. Stattdessen hielt sie ihn nur für einen verzogenen Bengel ohne Manieren. Plötzlich löste sich Levi aus seiner Starre und ging auf die Frau zu. Die wusste zuerst nicht, ob der junge Mann wegen ihrer

Eier wütend werden würde. Aber im Gegenteil. Er kniete sich neben sie, sammelte ihre Sachen wieder ein und packte die Einkäufe wieder in die Tüte.

»Es tut mir leid«, sagte Levi mit einem Lächeln und war in diesem Moment sogar dankbar dafür, nicht erkannt zu werden. »Kann ich ihnen vielleicht beim Tragen ihrer Einkäufe behilflich sein?«

Die kleine Frau wusste im ersten Moment gar nicht, was sie sagen sollte. Nachdem sie nach ihrer Verbalattacke doch eher mit einem Wutausbruch seinerseits gerechnet hatte, brauchte sie einen Moment, bis sie reagierte.

»Oh, das wäre wirklich nett«, antwortete sie, sah Levi dabei tief in die Augen und hatte plötzlich ein sehr intensives Gefühl dabei, dass sie aber nicht einordnen konnte. Sie spürte eine unheimlich starke Ausstrahlung und fühlte sich komischerweise sofort wohl in Levis Gegenwart. Erklären konnte sie es sich aber nicht. Er strahlte eine, für einen jungen Menschen äußerst ungewöhnliche Wärme aus.

»Geh du ruhig weiter«, sagte Levi zu Louis. »Ich begleite die Dame noch nach Hause.« Levi lief inzwischen das Eiweiß in dünnen Fäden den Hals hinunter.

»Alles klar. Wir treffen uns im Büro.«

»Bis später.«

Levi wandte sich wieder der Frau zu und fragte diese nach ihrem Weg.

»Es ist nicht mehr weit. Noch zwei Straßen und dann rechts. Aber es ist trotzdem schön, dass sie mir helfen. Ich habe nämlich schon eine ganze Weile Probleme mit der Schulter. Sie schmerzt immer zu.« Sie sah Levi wieder an und fügte hinzu: »Die Sache mit den Eiern tut mir leid.«

»Schon gut. Ich hätte ja auch aufpassen können.«

Auch wenn seine Gesprächspartnerin seine Oma hätte sein können, war er froh, sich endlich mit jemandem zu unterhalten, der außer Tütenschleppen keine Erwartungen an ihn hatte. Er trug ihr die Einkäufe die Treppe hoch und stellte sie neben der Tür ab.

»Vielen Dank«, sagte die Dame ein wenig außer Atem. Ihr fiel sogar ohne Tüten das Treppensteigen schwer. Sie schaute Levi zutiefst dankbar in Augen. Instinktiv und ohne darüber nachzudenken, legte er ihr die Hand auf die Schulter. Es war, als könne er ihren Schmerz fühlen. Levi konzentrierte sich darauf und spürte im selben Moment wie die Frau, eine Erleichterung. Der Schmerz war verschwunden. Alle Ärzte hatten ihr erzählt, dass sie wohl mit diesem bereits chronischen Leiden leben müsse. Und jetzt war plötzlich alles verschwunden. Einfach so. Levi lächelte sie an und verabschiedete sich.

»Ich wünsche ihnen eine schöne Zeit.«

»Danke«, war alles, was sie erwidern konnte. Sie war viel zu verwirrt, um in ganzen Sätzen antworten zu können. Sie schaute Levi regungslos hinterher, wie er die Treppe wieder hinunterging. Unten angekommen sah er noch einmal nach oben und zwinkerte der Frau zu. Diese blieb noch einen Moment wie versteinert vor ihrer Haustüre stehen und hatte Mühe, sich aus dieser Starre wieder zu lösen.

Als sie endlich an ihrem Küchentisch saß, konnte sie sich die wundersame Heilung ihrer Schmerzen immer noch nicht erklären. Obwohl der Schmerz ging, als der nette junge Mann ihr die Hand auf die Schulter gelegt hatte, wollte sie das nicht miteinander in Verbindung bringen. Auch wenn sie in seinen Augen etwas Wunderbares gesehen hatte, ließ sie diesen Gedanken nicht zu. Um sich etwas abzulenken, schlug sie die Tageszeitung auf, die an diesem Tag noch unberührt auf ihrem Tisch lag, und erschrak fast zu Tode. In großen Lettern stand da etwas von einem Internet-Messias, der sich daneben benommen hatte. Sie hatte keine Ahnung, was das mit dem Internet zu tun haben sollte, da sie leider gar nicht wirklich wusste, was das Internet überhaupt war. Bei den ganzen Fernsehwerbungen, die darauf abzielten, verstand sie immer nur Bahnhof. Es war ihr auch alles viel zu hektisch und daher hatte sie sich auch noch nicht zu diesem Internetkurs für Senioren angemeldet, den ihr Sohn ihr zu Weihnachten geschenkt hatte. Hätte sie das nur gemacht, dann würde dieses unheimliche Netz vielleicht etwas Licht ins Dunkel bringen.

Der junge Mann, der als Internet-Messias bezeichnet wurde, war definitiv derselbe, der ihr gerade die Tüten geschleppt hatte. Sie konnte sich beim besten Willen nicht vorstellen, dass auch nur irgendetwas von dem, was über ihn in der Zeitung stand stimmen konnte. Sie wählte die Nummer ihres Sohnes.

»Hallo Mutter, was gibt's?«

»Du kennst dich doch mit dem Internet aus«, sagte sie ohne eine Begrüßung. Dafür war sie viel zu aufgeregt.

»Ja. Aber das würdest du auch, wenn du endlich mal den Kurs besuchen würdest.«

»Ich melde mich heute noch an, ich verspreche es. Aber jetzt muss ich sofort was wissen.«

»Dann schieß mal los.«

»Hast du schon mal etwas von diesem Internet-Messias gehört?«

»Klar, wer nicht?«, antwortete er. »Aber das wird genauso ein Fake sein, wie vieles andere auch. Nur eben viel erfolgreicher.«

»Was ist ein Fake«, fragte seine Mutter, die jedes Mal fuchsteufelswild werden könnte, wenn ihr Sohn Worte gebrauchte, die sie nicht verstand. Dummerweise wurden es immer mehr.

»Eine Fälschung. Eine Sache, die nur vorgegaukelt wird.«

»Ach so.«

»Und jetzt?«

»Was und jetzt?« Mutter hatte etwas den Faden verloren.

»Was wolltest du jetzt eigentlich wissen über diesen Spinner?«

»Genau«, antwortete Mutter. »Was wird denn über ihn geschrieben?«

»Ach, das sind alles so dubiose Geschichten. Ob da was dran ist, kann ich nicht sagen. Was ich aber nicht einschätzen kann, ist dieses Video.«

»Welches Video?«

»Levi sitzt unter einem Baum, erzählt ein bisschen was über sich, und als er fertig ist, fällt ein scheinbar toter Vogel vom Baum. Er nimmt ihn auf seine Hand und plötzlich lebt er wieder. Kann ja eigentlich nicht sein, aber ich hab mir das Video schon oft angesehen und keinen Schnitt feststellen können. Dann war ja aber wieder diese Schlagzeile in der Zeitung. Würde ein Messias so etwas tun?«

»Das ist bestimmt ein Foke«, sagte Mutter.

»Du meinst Fake.«

»Wie auch immer. Ich glaube das nicht.«

»Und warum denkst du das?«

»Er war bei mir.«

»Wer?«

»Dieser Messias.«

»Und?«

»Erst hat er meine Tüten getragen und dann hat er durch Handauflegen meinen Schmerz aus der Schulter weggezaubert.«

»Echt?«

»Wenn ich es dir sage.«

Kapitel 23

Levi fühlte sich gut, nachdem er die ältere Frau nach Hause gebracht und ihr Leiden gelindert hatte. Ihm war natürlich klar, dass er jetzt nicht der ganzen Welt helfen könnte, aber trotzdem hatte es gut getan. Vielleicht waren es ja wirklich die kleinen Dinge, die helfen könnten, seine Botschaft zu vermitteln. Von der er allerdings immer noch nicht genau wusste, wie sie lautete. Von Anfang an redeten alle von seiner Aufgabe, seiner Mission und seinen Pflichten, doch was er eigentlich genau zu tun hatte, konnte ihm trotzdem niemand sagen. Die massive Präsenz im Internet hatte nun zwar den Vorteil, dass ihn von einem Moment auf den anderen so gut wie jeder kannte. Das hatte aber gleichzeitig den Nachteil, dass er wohl in Zukunft nicht mehr einfach so das Brunnenwasser in Tequila Sunrise verwandeln, sich mit seinem Freund Louis hemmungslos betrinken und am nächsten Tag ungestört daneben mit einem gepflegten Kater aufwachen konnte. Zumindest nicht, ohne ein Bild davon in der Zeitung zu finden. Da hatte sein Halbbruder ganz klare Vorteile gehabt. Und ob Levi unter dem Opfer seines kompletten Privatlebens mehr Erfolg haben würde, blieb noch abzuwarten. Immerhin hatte man die Kreuzigung abgeschafft.

Obwohl es in dieser Zeit eigentlich völlig abwegig war, hatte er das Kreuz immer irgendwie im Hinterkopf. Zumindest symbolisch. Wer den Menschen etwas Gutes tun wollte, war deshalb nicht zwangsläufig auch beliebt. Levi bekam ja bisher nicht einmal Unterstützung von diesem Verein, den sein Halbbruder indirekt vor zweitausend Jahren gegründet hatte. Die Kirche wollte von ihm überhaupt nichts wissen und hatte sich nach Bekanntwerden des Videos sogar öffentlich von ihm distanziert.

Ursprünglich hatte er sich das anders vorgestellt. Ein bisschen bekannt werden, unendliche Begeisterung der Kirche, weil endlich ein Messias aufgetaucht war, die Gottesdienste als Verbreitungsmedium und noch mehr Begeisterung bei den Christen. Diese würden die frohe Kunde weitererzählen und nachdem endlich der Beweis Gottes in Form eines zweiten Sohnes auf Erden wandelte, würden die Kirchen aus allen Nähten platzen. Er und sein Stab könnten sich, bis auf ein paar repräsentative Auftritte, zur Ruhe setzen und die Rente genießen. Doch stattdessen zerrissen sich kurze Zeit nach seiner Wundertat mit dem kleinen Vogel die Leute das Maul über ihn, weil er angeblich wilde Orgien feiern würde. Keine Unterstützung von irgendwoher und er hatte keine Ahnung, was er jetzt tun sollte. Es war zum Kotzen.

Seine Stimmung war nach dem kurzzeitigen Höhenflug, wieder ziemlich nahe am Tiefpunkt angelangt, weil er sich mittlerweile ernsthaft fragte, ob überhaupt jemand wollte, dass ein Messias irgendwas tut. Und vor allem kam immer wieder die Frage in ihm auf, was er denn eigentlich tun sollte. Er konnte nicht die ganze Welt heilen, wie er es mit der Schulter der alten Frau gemacht hatte. Wenn er den Leuten sagen würde, sie sollten einfach zur Abwechslung mal nett zueinander sein, würden sie ihn wohl in eine Gummizelle stecken. Wild in der Gegend herumzaubern schied auch aus. Eine Gehirnwäsche wäre gut, aber sicher nicht im Sinne seines Vaters. Und so sehr er Bastian auch schätzte, waren in seinem Handbuch für den angehenden Messias nicht wirklich viele brauchbare Tipps für den Ernstfall zu finden. Genaugenommen waren eigentlich gar keine vernünftigen Tipps drin. Er verwies darin ständig auf die Bibel und mäkelte etwas daran herum, um deren Schwachstellen herauszustellen. Erfolgsversprechende Lösungsansätze und Verbesserungsvorschläge waren ebenfalls Mangelware. Der recht ausführliche Teil über Freizeitaktivitäten, die der Entspannung dienen sollten und hauptsächlich von diversen Kartentricks dominiert wurden, war auch nicht hilfreich. Levi war mal wieder ziemlich ratlos bezüglich seiner Zukunft, als er in das Hauptquartier zurückkam und an seinem Geisteszustand zweifelte. Er sah Fitus dümmlich grinsend neben Bastian, Louis, Helena und Angela Merkel sitzen.

»Äh«, sagte Levi und wusste nicht so recht, was er dem noch hinzufügen sollte. War jetzt sogar Angela Merkel vorbeigekommen, um ihn direkt von oberster Stelle zu rügen?

»Levi, wir haben einen Plan«, frohlockte Fitus triumphierend. Er redete sich fast in Rage, als er Levi die Sache mit den Fotos und der Bundeskanzlerin erklärte.

»Und das soll funktionieren?«, fragte Levi skeptisch, der die Anwesenheit eines Angela Merkel Engels nach wie vor befremdlich fand. Zumal sie pausenlos mit offenem Mund Kaugummi kaute.

»Tausendprozentig«, bestätigten Louis und Bastian synchron. Louis war in der Regel eigentlich erstmal gegen alles, was Fitus so an Vorschlägen brachte, aber als er Angela Merkel gesehen hatte, war seine Begeisterung kaum zu bremsen gewesen. Nicht unbedingt, weil er die Idee so genial fand, sondern eher, weil er es unglaublich cool fand, wie die Engel einfach jede Person darstellen konnten, die sie wollten. Für sich selbst waren ihm sofort unzählige Körper in den Sinn gekommen, in die er gerne geschlüpft wäre. Das war der Punkt, an dem er ernsthaft neidisch auf Fitus wurde.

Nachdem der Fotograf über das heimliche Treffen informiert worden war, begaben sich Levi und seine Anhänger in Position. Dieses kleine Wiesenstück am Stadtrand war eine sehr ruhige Stelle. Genau richtig für ihr Vorhaben. Levi diskutierte mit Louis und den restlichen Anwesenden noch einmal den genauen Ablauf der Aktion. Angela interessierte das reichlich wenig, da sie erstens eh nur als Statist aufzutreten hatte und zweitens, als weibliches Pendant zu Bastian lieber auf der Bank am Wegesrand Platz nahm und die Beine weit von sich streckte. Es war alles andere als damenhaft, wie sie breitbeinig auf der Bank lümmelte, die Arme auf die Rückenlehne legte und den Kopf in den Nacken fallen ließ. Sie schaute in den Himmel und freute sich schon auf den Feierabend und die paar Tage Sonderurlaub nach einem Erdeneinsatz. Wobei es sich hier auch aushalten ließ und die Ruhe noch etwas anhalten könnte.

»Langsam Kinder!«, hörte sie plötzlich und völlig unvermittelt den Schrei einer Frau. »Nicht zu weit vorauslaufen.«

Angela schreckte hoch, sah sich nach allen Seiten um und konnte gerade noch erkennen, wie sich ihre Kollegen hinter einem großen Busch versteckten.

»Na prima«, grummelte Angela vor sich, als sie feststellen musste, plötzlich alleine dazustehen. Und es dauerte auch nicht lange, bis die ersten Kinder bei ihr vorbeikamen. Sie waren zum Glück noch klein und erkannten sie nicht. Einer der kleinen Gruppe, die sich vom Hauptfeld abgesetzt hatten, zückte plötzlich eine kleine Steinschleuder, und bevor sich die Aushilfsbundeskanzlerin der Situation bewusst werden konnte, knallte ihr ein kleines Steinchen mit voller Wucht an den Kopf. Ungeachtet aller Vorschriften wechselte Angela ihren Standort von der Bank direkt neben den Jungen. Sie konnte diese kleinen Rotzlöffel nicht ausstehen. Keinen Respekt hatten sie. Der Junge war völlig perplex, weil er nicht sehen konnte, wie die Frau sich bewegt hatte. Sie stand plötzlich da, drehte ihn um und hielt ihn an seinem Knöchel mit dem Gesicht nach unten fest.

»Hilfe, Hilfe«, schrie der kleine Frechdachs, obwohl er definitiv eine Strafe verdient hatte. Stolz hatte er also auch keinen. Der Angela-Engel fing an den Jungen kräftig zu schütteln und setzte dabei ein merkwürdiges Grinsen auf.

»Gibt es bei euch da oben eigentlich auch ganz normale Engel, oder haben die alle irgendwie einen an der Waffel«, fragte Louis, der nach wie vor mit seinen Kollegen das Treiben aus sicherer Entfernung beobachtete.

»Was soll das jetzt heißen«, fragten Bastian und Fitus gleichzeitig und fühlten sich dadurch etwas auf den Schlips getreten.

»Ach, nix«, antwortete Louis. Eigentlich brauchte er gar keine Antwort. Er hatte bis jetzt genau drei

Engel kennengelernt. Der eine sah aus wie ein aalglatter Mafioso, der andere wie frisch einer amerikanischen Boygroup entsprungen und der dritte wie Angela Merkel. Wenn das normal war, war eben er der Verrückte. Oder aber anders herum.

»Hey«, schrie plötzlich der Klassenstreber, der bei der Wanderung ausnahmsweise in der zweiten Reihe ging, weil Bewegung nicht seine Lieblingsbeschäftigung war. »Angela Merkel will Maximilian verhauen!«

Die Lehrerin traute ihren Augen nicht. Die Frau, die gerade ihren Schüler an einem Bein scheinbar mühelos in die Luft hob, sah tatsächlich aus, wie die Bundeskanzlerin. Doch sie musste sich täuschen. Das konnte einfach nicht sein.

»Das ist sie nicht«, sagte die Lehrerin, bevor sie zu einem lauten Schrei ansetzte. »Lassen sie sofort den Jungen los!«

Angela folgte der Anweisung und ließ los. Glücklicherweise hielt sie Maximilian über die an den Weg angrenzende Wiese und das weiche Gras dämpfte seinen Sturz ein wenig.

»Sind sie Angela Merkel?«, wollte der Klassenstreber im nächsten Moment wissen.

»Natürlich!«, antwortete der weibliche Engel selbstsicher.

»Sehen sie«, sagte der Klassenstreber zufrieden zu seiner Lehrerin.

»Mutter«, rief plötzlich eine Stimme. »Was hast du denn schon wieder angestellt?«

Bastian kam in seinem sauber gebügelten Nadelstreifenanzug, der zu der Szene passte, wie Daniela Katzenberger zu einer seriösen Nachrichtensendung, auf die Schulklasse zugelaufen.

»Sie hat einen meiner Schüler am Fuß gepackt und geschüttelt.«

»Das tut mir leid. Aber sie ist sehr verwirrt und hat sich nicht immer unter Kontrolle. Hat sie sich auch wieder als Angela Merkel ausgegeben?«

»Ja, hat sie.«

»Hast du deine Tabletten wieder nicht genommen?«

»Was für Tabletten?«

»Oh je«, sagte Bastian bedauernd. »Bitte entschuldigen sie vielmals.«

Bastian hakte sich bei Angela ein und brachte sie wieder zur Bank. Die Schulklasse sammelte sich und die Lehrerin trieb sie an, etwas schneller zu gehen. Ihr war die ganze Sache nicht geheuer.

»Er hat es verdient«, zischte Angela, als sie mit Bastian wieder Platz genommen hatte.

Der Beobachter, der sich unauffällig etwas weiter vorne am Weg postiert hatte, meldete die Ankunft des Journalisten. Alle Beteiligten bezogen Stellung. Bastian und Louis mimten die Leibwächter der

Kanzlerin. Sie waren die einzigen, die infrage kamen, da sie nicht auf den Fotos in der Zeitung zu sehen waren. Alles andere wäre unglaubwürdig gewesen. Und dass der Fotograf in der Kneipe auch noch auf die Randfiguren geachtet hatte, schlossen sie aus. Levi und Angela saßen auf der Bank und führten ein angeregtes Gespräch über Schwarzwälder Kirschtorte, Sinn oder Unsinn von Levis Mission und über kleine Rotzlöffel, die keinen Respekt vor älteren Damen hatten. Der Rest lief eigentlich von ganz alleine. Der Reporter schlich sich hinter dem Gebüsch am Wegesrand in die Nähe des ungleichen Paares, sprang auf den Weg und fotografierte wild drauf los. Fragen stellte er keine. Nach dem Erfolg der letzten Fotos ging er sowieso davon aus, dass sie weggehen würden, wie warme Semmeln. Angela hatte die Anweisung, wild drauf loszuzetern, sobald der Fotograf auftauchte.

»Hauen sie ab«, schrie sie. »Kann man denn nicht mal in Ruhe einen Freund besuchen?«

Es kam keine Antwort, sondern der Journalist machte sich sofort wieder vom Acker. Als dieser verschwunden war, beglückwünschten sich alle zu dem Erfolg der Mission und mutmaßten schon über die Schlagzeile am nächsten Morgen. Nur Fitus wollte mal wieder für einen Moment den Spielverderber spielen und das, obwohl es ja seine Idee gewesen war, Angela Merkel einzusetzen.

»Hat eigentlich auch jemand daran gedacht, dass es vielleicht widersprüchliche Meldungen geben könnte und die Redaktionen schon im Vorfeld merken könnten, dass etwas faul ist? Dann druckt das doch kein Mensch ab.«

Es kehrte Stille ein. Das war ein unschönes Argument, an das wirklich niemand gedacht hatte. Nur Bastian war sich sicher, dass mindestens einer diese Möglichkeit in Betracht gezogen haben könnte. Auch wenn es ihm schwerfiel, sprach er ohne es genau zu wissen, ein etwas zynisches Lob aus, in der Hoffnung, sein Gespür hatte ihn nicht im Stich gelassen.

»Da du ja unser allwissender Kopf bist, hast du doch mit Sicherheit diese Möglichkeit schon lange in Erwägung gezogen, oder? Ich kann mir nicht vorstellen, dass du dir deine furchtbar tolle Idee von solchen Kleinigkeiten gefährden lassen würdest«, sagte Bastian zu Fitus.

»Selbstverständlich«, antwortete dieser triumphierend und konnte sein dämlich überlegenes Grinsen auch in dieser Situation nicht unterdrücken. Dass die Frage eigentlich völlig sinnlos war, weil die ganze Aktion sowieso auf seinem Mist gewachsen war, ignorierte er einfach komplett. Bastian hätte ihm am liebsten einen Streifen dickes Paketklebeband über seinen überheblich grinsenden Mund geklebt, doch leider war dieser verdammte Streber wieder einmal im Vorteil. Zu allem Elend wartete er auch wieder so lange, dass früher oder später irgendjemand ihn zum Weiterreden auffordern musste.

»Und?«, fragte Bastian deshalb gleich selbst, brachte aber nicht mehr als dieses eine Wort über die Lippen.

»Alles kein Problem. Ich habe kurz recherchiert und festgestellt, dass sie heute und morgen wohl ziemlich langweilige Treffen mit irgendwelchen kleinen Parteiortsvereinen hat, die außer der regionalen Presse wohl niemanden interessieren werden. Trotzdem wird ihr echter Aufenthaltsort mit Sicherheit irgendwo bildlich festgehalten und unser Plan geht spätestens übermorgen auf.«

Fitus war es förmlich anzusehen, dass seine Begeisterung über sich selbst kaum noch Grenzen kannte. Seine Selbstbeweihräucherung war kaum zu ertragen.

»Du bist einfach unglaublich«, säuselte dann auch noch Helena und Fitus kam aus dem Strahlen gar nicht mehr raus.

»Selbstverliebtes Arschloch«, brummelte Louis.

»Was hast du gesagt?«, wollte Helena wissen.

Louis winkte ab. Er legte zwar keinen großen Wert auf Helenas Meinung, aber nur weil Fitus einmal ein bisschen weiter gedacht hatte, musste sie ja nicht gleich derart begeistert sein. Er konnte sich nicht erinnern, sie ähnlich begeistert erlebt zu haben, als er quasi über Nacht Levi in aller Welt bekannt gemacht hatte.

»Leute«, sagte Levi und ergriff das Wort um die Situation zu beruhigen, bevor sie noch eskalieren würde. »Unsere Aktion ist scheinbar ganz gut gelaufen. Jetzt sollten wir einfach abwarten und hoffen, dass alles so läuft, wie wir uns das vorgestellt haben. Es gibt überhaupt keinen Grund zu streiten.«

»Trotzdem Arschloch«, flüsterte Louis jetzt so leise, dass es garantiert keiner hören konnte. Helena zuckte zwar kurz, aber das war es dann auch schon.

„Angela Merkel trifft sich mit Internet-Messias", lautete tatsächlich die Schlagzeile am nächsten Tag in der Regionalpresse. Darunter ein riesiges Foto der beiden auf der Parkbank und als Bildunterschrift ein paar Vermutungen über den Grund des Treffens, die natürlich völliger Blödsinn waren.

»Messias-Fotografien als Fälschung aufgeflogen", war die Schlagzeile fast aller Zeitungen am übernächsten Tag.

»Seht ihr«, rief Fitus fröhlich aus, als er mit einer Tageszeitung bewaffnet ins Büro kam.

»Herzlichen Glückwunsch«, sagte plötzlich einer nach dem anderen und Fitus genoss die Bauchpinselei sichtlich. Schließlich kam es nicht allzu oft vor, dass er gelobt wurde.

»Ganz toll«, stöhnte Louis, der sich in seiner Funktion als Stabschef nicht ausreichend anerkannt und erst recht nicht genug gelobt vorkam. Und dann geschah plötzlich das Unglaubliche. Zumindest für Louis.

»Aber wir dürfen auch Louis nicht vergessen«, sagte Fitus feierlich und der Angesprochene dachte zuerst sich verhört zu haben. »Ohne ihn wären wir erst gar nicht bis hierhergekommen.«

»Hört hört«, sagte Bastian, wusste noch nicht so recht, was er davon halten sollte und freute sich einfach für Louis.

»Äh, ja«, sagte dieser völlig überrascht. »Genau!«

Die anderen warteten noch kurz, doch als Louis auch nach ein paar Sekunden nicht weitersprach, klatschen alle wie verrückt und freuten sich zum ersten Mal von ganzen Herzen gemeinsam.

Levi fiel ein Stein vom Herzen. Endlich waren sie an einem Punkt, an dem alle zusammenstanden. Hoffte er zumindest.

Kapitel 24

Die Facebook-Seite Jesus 2.0 hatte sich im Laufe der Zeit zur größten Anlaufstelle für Diskussionen aller Art rund um das Christentum entwickelt. Aus allen Ländern der Welt trafen sich die unterschiedlichsten Menschen und tauschten sich über Jesus und seine Geschichte aus. Das komische an der Sache war, dass die Existenz von Levi dabei völlig in den Hintergrund gedrängt wurde. Er hatte sich öffentlich geoutet und trotzdem konnte er sich, nach ein paar anfänglichen Zwischenfällen, frei bewegen, ohne von Anhängern belagert zu werden. Ihm war das ja eigentlich ganz recht. Immerhin wurden durch seine virtuelle Präsenz die Diskussionen über Gott, Religion und Glaube in ganz neue Dimensionen vorangetrieben.

Die Kirchen selbst waren aber immer noch skeptisch und gingen ziemlich geschlossen davon aus, dass Levi wohl doch ein Schwindler war. Wenn auch ein ziemlich geschickter. Levis Stab hatte schon mehrfach versucht, die offiziellen Kirchenvertreter zu Gesprächen einzuladen, doch bisher ohne Erfolg.

»Eigentlich ist doch alles ziemlich gut gelaufen«, stellte Levi zufrieden fest und hoffte auf rege Zustimmung. Wenn alles so weiterliefe, müsste er sich auch definitiv keine Sorgen über den Tod am Kreuz machen. Vielleicht könnte er sogar irgendwann eine Familie gründen und das Leben genießen.

»Findest du?«, fragte Fitus, von dem ja eigentlich nichts anderes zu erwarten war. »Auch wenn die Facebook-Seite einen sehr respektablen Zulauf hat, ist es nicht von der Hand zu weisen, dass deine Existenz von der Menschheit noch nicht akzeptiert wird. Meiner Meinung nach können wir erst aufhören, wenn die Mehrheit der Bevölkerung davon überzeugt ist, dass es dich gibt. Ansonsten wäre die ganze Aktion ja nutzlos gewesen.«

»Hm«, brummelte Bastian. Sein bescheuerter Kollege hatte wohl leider recht. Eigentlich wollte er ja schon seit einer gefühlten Ewigkeit wieder im Himmel zurück sein, um sich endlich von den Strapazen des Erdeneinsatzes zu erholen. Und jetzt schien immer noch kein Ende in Sicht. Natürlich verstand er sich prächtig mit Levi und auch Louis war ihm ans Herz gewachsen. Dennoch stand es außer Frage, dass er definitiv nicht für intensive Arbeitseinsätze geboren war. Seine Stärken lagen eben woanders.

»Aber es gehen wieder mehr Leute in die Kirche, als früher«, ergänzte Levi.

»Und das ist dir schon genug?«, wollte Fitus wissen, zog dabei auf extrem arrogante Weise eine Augenbraue nach oben und Louis hätte ihm dafür am liebsten eine reingehauen. Fitus gehörte zu den Menschen, denen Louis schon eine reinhauen könnte, nur weil sie morgens aufgestanden sind. Er musste sich damit arrangieren, wusste natürlich auch, dass Fitus meistens recht hatte, konnte sich aber doch nicht immer zurückhalten.

»Was hast du denn schon hinbekommen, außer ständig jemandem ans Bein zu pissen? Kannst du nicht einfach mal die Fresse halten?«

»Warum so aggressiv mein Freund?«, provozierte Fitus in dem Glauben, Louis könnte sich keinen Ausraster mehr erlauben. Wahrscheinlich hatte er aber nur Glück, dass Levi in die Situation eingriff.

»Bitte beruhigt euch«, sagte er. »Vielleicht hat Fitus ja wirklich recht. Wenn die Welt an die Existenz eines zweiten Messias` glauben würde, hätte alles wieder eine viel solidere Basis.«

»Genau«, bestätigte Fitus.

»Auf jeden Fall«, sagte nun auch Helena. Der Rest der Truppe nickte und Louis musste sich wohl für den Moment geschlagen geben. Dabei hätte er Fitus so gerne eine reingehauen. Wenn er irgendwann wegen besonderer Dienste im Namen der Mission einen Wunsch frei hätte, dann wäre es genau das. Wenn dieser Idiot nicht dabei wäre, würde alles noch viel mehr Spaß machen. Aber es war wie in jeder dämlichen Fernsehserie. Wenn gerade alles zu laufen schien, wurde wieder irgendein Idiot von irgendjemandem beauftragt, den Helden das Leben schwer zu machen. Fitus war genau dieser Idiot.

In den nächsten Tagen war es dann zuerst er, der endlich beweisen wollte, was in ihm steckte. Zur Freude von Louis ging sein Versuch einige Offizielle von der Echtheit des Jesus 2.0 zu überzeugen, aufgrund schlechter Terminabsprachen, gründlich in die Hose. Fitus hatte vor lauter Aufregung vergessen, Levi den vorgezogenen Termin mitzuteilen, und so stand er völlig alleine mit einer kleinen Abordnung mäßig wichtiger Kirchenvertreter im Büro.

»Ich kann mir das nicht erklären«, wiederholte Fitus immer wieder. »Ich kann mir das einfach nicht erklären.«

»Wir haben gleich gewusst, dass alles nur ein Schwindel ist«, kommentierte einer der Priester die peinliche Situation.

»Nein, ich versichere ihnen, dass Levi wirklich ein zweiter Messias ist«, versuchte Fitus zu überzeugen. Das Einfachste wäre gewesen, wenn er sich auf die Schnelle einfach aus dem Raum hinaus und gleich darauf wieder hereingebeamt hätte. Aber das war ja verboten. Er durfte noch nicht einmal erklären, dass er ein Engel war. Es war zum Kotzen. Das Allerschlimmste war dann der Moment, in dem ihm einfiel, dass er auch noch die Sache verbockt hatte. Der Termin wurde einen Tag vorgezogen und er hatte vergessen seinen Chef zu informieren. Fitus sah sich schon wieder Kaffee holen. Eigentlich dachte er in diesem Moment, es hätte gar nicht schlimmer kommen können. Doch es kam schlimmer. Gerade als die Kirchenvertreter wieder gehen wollten, schlug die Tür auf und Levi, Louis und Bastian standen vor ihnen. Und sie waren nicht allein.

Ein paar Stunden zuvor hatten genau diese drei beschlossen, sich einen netten Tag zu machen, da ausnahmsweise nichts Wichtiges anstand. Es war schon ewig her gewesen, dass Levi und Louis einfach so um die Häuser gezogen sind. Bastian hatten sie mitgenommen, weil sie dachten, dass auch er einen Tag Auszeit von seinem penetranten Kollegen nötig hätte. Levi war ziemlich unrasiert, hatte so eigentlich weder Ähnlichkeit mit sich selbst in seinem Video und erst recht keine mit seinem Profilbild. Einem ausschweifenden Tag stand also nichts im Wege. Immer nur Gutes tun und missionieren war auch für den ehrgeizigsten Messias auf Dauer nicht durchzuhalten. Und so gönnte sich Levi zusammen mit seinen Freunden seit einer gefühlten Ewigkeit, einen gepflegten Missbrauch seiner Gabe. Sie fuhren an einen See, mieteten ein Tretboot und fuhren ein ganzes Stück weit hinaus. Keine Wolke verdeckte die Sonne und trotzdem war es nicht zu heiß. Es war einfach perfekt. Louis hatte einen mittelgroßen Eimer mitgenommen, sich aber energisch geweigert, den Grund dafür zu nennen. Erst jetzt wollte er die Katze aus dem Sack lassen. Er nahm das Handtuch aus dem Eimer, das über dem Päckchen extralangen und ultrabiegsamen Strohhalmen lag.

»Was hast du denn damit vor?«, wollte Levi wissen.

»Kannst du dich noch an unser zweites Standbein erinnern, falls die Sache mit der Weltrettung nicht funktioniert?«

»Äh«, zögerte Levi und war sich nicht ganz sicher.

»Ich versteh nur Bahnhof«, redete Bastian dazwischen, der noch gar nichts von einem zweiten Standbein gehört hatte.

»Ballermann? Sangria?«, sagte Louis fragend.

»Oh je«, antwortete Levi.

»Wieso oh je?«, wollte Bastian wissen.

»Ich befürchte Schlimmes«, erwiderte Levi, konnte sich aber ein breites Grinsen nicht verkneifen. Er wusste schon gar nicht mehr, wann er das letzte Mal so richtig auf den Putz gehauen hatte.

Louis setzte ein noch breiteres Grinsen auf, nickte zustimmend und tauchte den Eimer in den See.

»Los Levi!«, forderte er seinen Freund auf. »Halt mal den heiligen Finger in den Eimer.«

Levi tat, was Louis wollte und der steckte sofort einen Strohhalm in die Flüssigkeit. Ohne zu zögern fing er an zu ziehen und spuckte die Brühe angewidert aus.

»Was ist das denn?«, rief er und versuchte die letzten Tropfen aus seinem Mund zu pusten.

»Was meinst du?«, fragte Levi.

»Die Brühe schmeckt ja zum Kotzen.«

»Verdammt«, fluchte Levi. »Das heißt dann wohl, dass ich meine Gabe verloren habe.«

»Das ist jetzt nicht dein Ernst, oder?«

»Was soll es denn sonst bedeuten?«

»Scheiße«, rief Louis verärgert. »Was wird denn jetzt mit unserem Mallorca-Plan?«

»Von was für einem Plan redet er?«, fragte Bastian dazwischen.

»Keine Ahnung. Er fantasiert.«

Louis schaute seinem Freund in die Augen und hatte plötzlich das Gefühl, dass irgendwas nicht stimmte.

»Kann es sein, dass du mich verarscht hast?«

»Och«, antwortete Levi und versuchte zu pfeifen. Da er grinsen musste, klappte das leider überhaupt nicht.

»Du Drecksack«, rief Louis und stürzte sich auf seinen Freund. Die beiden rangen wie zwei Grundschüler und vergaßen dabei wohl, dass sie auf einem Boot saßen. Es dauerte nicht allzu lange und sie fielen synchron über die minimalistische Kunststoffrehling des Tretbootes. Bastian beobachtete das Treiben mit einem Schmunzeln, konnte aber immer noch nicht verstehen, von welchem Plan Louis gesprochen hatte.

Kurz vor dem Ertrinken ließen die beiden voneinander ab und kletterten zurück ins Boot. Levi steckte seinen Finger nochmal in den Eimer und dieses Mal verfärbte sich das Wasser und wurde zu Sangria. Nur das mit den Zitronen- und Orangenscheiben wollte nicht klappen.

»Soll ich ein paar Algen reinwerfen und du versuchst aus denen was zu machen?«

»Keine Ahnung. Probieren wir es einfach.«

Louis trat in die Pedale des Tretbootes und steuerte auf eine wild bewachsene Stelle an einer menschenleeren Seite des Sees zu. Algen gab es hier in Massen und Levi schaffte es nach ein paar Versuchen tatsächlich, daraus Zitronen und Orangenscheiben zu machen.

»Unglaublich«, sagte Louis begeistert.

»Eigentlich schon. Aber das, was du da tust, ist bestimmt nicht im Sinne des Erfinders«, kommentierte Bastian die Situation und stellte im selben Moment fest, dass er sich gerade wie Fitus angehört haben musste. Gleichzeitig sahen ihn Levi und Louis ungläubig an, was seine Annahme bestätigte.

»Schon gut«, fügte er mit einer abwehrenden Handbewegung hinzu. »Vergesst was ich gesagt habe. Vielleicht kannst du das Getränk noch ein bisschen kühlen?«

Louis drückte jedem einen langen Strohhalm in die Hand und sie fingen an, sich über ihren wunderbar schmeckenden und perfekt gekühlten Eimer Sangria herzumachen.

Es dauerte nicht lange, bis ein weiteres Boot in ihrer Nähe auftauchte. Louis rieb sich die Augen, weil so etwas ja eigentlich nur im Film vorkam. Auf dem anderen Tretboot saßen zwei unglaublich gut aussehende Blondinen mit perfekten Körpern. Die Haut knackig braun und die Bikinis so knapp es nur ging. Er tippte Levi an und nickte in Richtung des Bootes, das sich direkt auf ihres zubewegte.

»Boah«, sagte Levi und vergaß auf der Stelle seine gute Messiaskinderstube. »Was sind das denn für zwei Schnittchen?«

»Für dich ist leider keine dabei, Bastian«, sagte Louis.

»Und warum nicht?«

»Weil keine in deinem Alter dabei ist und auch keine der beiden aussieht, als wollten sie zur Altenpflege.«

»Jetzt sei mal nicht gleich frech«, entgegnete Bastian, war sich aber der Richtigkeit von Louis' Aussage bewusst. Und in seinem Alter gab es sowieso keine Menschen. Das war sicher, auch wenn er immer noch nicht genau wusste, wie alt er eigentlich war.

»Nicht ärgern, Bastian. Aber so wie es aussieht, sind jetzt wir erst mal dran.«

Louis setzte ein extrem breites Grinsen auf und winkte den zwei hübschen jungen Frauen zu. Und die winkten sogar zurück, hatten allerdings eher den Eimer Sangria im Blick, als die Augen von Louis. Was ihm aber auch ziemlich egal war. Wenn die beiden erst genug Sangria intus hätten, könnten sie sowieso hinschauen, wo sie wollten. Hauptsache sie machten das direkt neben ihm in ihren knappen Bikinis.

Bastian schaute sich angestrengt um. Er war wohl der einzige, der wieder eine Aktion von Asmodeus in Betracht zog. Doch er behielt seine Sorge lieber für sich. Zum einen würde er wachsam bleiben, zum anderen wollte er sich nicht schon wieder wie sein bekloppter Kollege anhören.

»Kommt doch rüber«, rief Louis. »Wir haben noch Strohhalme übrig.« Louis war ganz aus dem Häuschen und auch Levi hatte Schwierigkeiten, die Contenance zu bewahren.

»Ich bin Susi«, sagte eine.

»Ich bin Marie«, stellte sich die andere vor.

»Hey«, rief Louis und schlug Levi dabei kräftig auf die Schulter. »Das ist doch ein Wink des Schicksals.«

»Hä?«, fragten Levi und Bastian synchron, während Susi und Marie mit ihren unendlich langen Beinen das Boot wechselten und deren Haut auch bei näherer Betrachtung keine Delle aufwies.

»Mann, seid ihr die Bibelexperten oder ich? Marie Magdalena. Die hat doch auch irgendwas mit Jesus zu tun gehabt.«

»Maria«, verbesserte Bastian.

»Hä?«, fragte nun Louis. »Wer ist jetzt Maria?«

»Sie hieß Maria Magdalena«, erklärte Bastian geduldig.

»Von mir aus«, sagte Louis und winkte ab.

»Seid ihr vom CVJM oder was?«, fragte Susi und war schon fast wieder im Begriff zurück auf ihr eigenes Boot zu gehen. Wenn sie recht hatte, war eh nur Saft im Eimer.

»Quatsch«, antwortete Levi. »Setzt euch her.«

Louis steckte noch zwei weitere Strohhalme in den Eimer und Levi sorgte dafür, dass dieser nie leer wurde. Susi und Marie waren innerhalb kürzester Zeit ziemlich besoffen und hingen wie erhofft an Levi und Louis. Bastian saß daneben und langweilte sich.

Kapitel 25

Fitus hatte das Gefühl ohne Ankündigung in seinen schlimmsten Albtraum katapultiert worden zu sein. Vorsichtshalber rieb er sich kräftig die Augen, doch das unsägliche Bild vor ihm wollte einfach nicht weichen. All seine Bemühungen machten sich gerade auf den Weg in die Bedeutungslosigkeit. Sie personifizierten sich sogar vor seinem geistigen Auge, stiegen auf ein Floß mit Totenkopfflagge und winkten ihm hämisch grinsend zu, während sie davonpaddelten.

»Sagen sie mir bitte, dass diese Person hier nicht der von ihnen so hochgelobte Messias ist«, sagte einer der Kirchenvertreter und löste damit die unerträgliche Stille dieses Moments. Fitus erwiderte nichts. Er brachte kein Wort heraus.

Vor ihnen standen Levi, Louis und Bastian. Was für sich alleine genommen gar nicht so schlimm gewesen wäre, obwohl sie ein ziemlich trauriges Bild abgaben. Doch in Verbindung mit den zwei leicht bekleideten Mädchen Marie und Susi war für die Offiziellen an Fitus' Seite die Situation sehr befremdlich.

»Warum fragen sie ihn denn nicht selbst?«, wollte Louis wissen und beendete seine Frage mit einem äußerst beeindruckenden Rülpser. Louis hatte den Arm um Susis Schulter gelegt, ließ ihn locker an ihrem

Oberkörper herabhängen und konnte es sich nicht verkneifen ganz kurz ihre rechte Brust zu streicheln, als er den Blick des einen Priesters darauf vermutete. Er hatte wohl richtig vermutet, denn er wand seinen Blick umgehend ab und bekam eine leicht rötliche Färbung im Gesicht. Louis grinste zufrieden in sich hinein und hatte gleichzeitig Mitleid. Schließlich durfte sein Gegenüber ja eigentlich nicht einmal an so etwas denken.

»Genau«, bestätigte Levi und Fitus konnte mindestens drei Promille in diesem einen Wort hören. Es klang, als hätte Levi eine Wolldecke im Mund und ohne sich auf Marie zu stützen, hätte er wohl auch nicht mehr stehen können. Der Sangria war einfach zu gut gewesen. »Warum fragst du mich das nicht selbst, du Pinguin. Hicks!«

Fitus war sprachlos und die beiden Kirchenvertreter waren ganz offensichtlich nicht mehr dazu bereit noch mehr ihrer kostbaren Zeit mit diesem angeblichen Messias zu verschwenden.

»Fitus!«, sagte Bastian plötzlich sehr energisch. »Bring sie nach hinten und pass auf, dass sie keine Dummheiten machen.«

»Was?«, fragte dieser ziemlich verstört und wusste nun überhaupt nicht mehr, was los war. Trotzdem war er dankbar endlich verschwinden zu können.

»Was soll ...«, setzte Louis an und wollte sich sofort heftig darüber beschweren, dass so eine Flitzpiepe wie

Fitus auf ihn aufpassen sollte. Doch weiter kam er nicht.

»Keine Widerrede«, zischte Bastian und stieß ihm, ohne dass die anderen es sehen konnten, seinen Ellbogen in die Rippen. Widerwillig trotteten Levi und Louis mit ihren Begleitungen Fitus hinterher. Sobald die Tür sich hinter ihnen geschlossen hatte, wandte Bastian sich nun an die Priester.

»Es tut mir leid«, sagte er nun mit sanfter Stimme. »Ich hab die jungen Leute draußen aufgegriffen und mit hierher gebracht, da ich Sorge hatte, ihnen könnte in ihrem Zustand etwas passieren.«

»Also soll das jetzt nicht ihr angeblicher Messias gewesen sein?«

»Der?«, antwortete Bastian fragend und fing an zu lachen. »Gott bewahre. Dann könnten wir den Laden gleich dichtmachen. Aber ich muss gestehen, er sieht ihm wirklich etwas ähnlich.«

»Ich weiß nicht so recht, was ich davon halten soll. Die Existenz eines Messias' wäre mit Sicherheit ein Segen für die Kirche. Doch warum sollte Gott solch missverständliche Wege wählen, um einen zweiten Sohn auf die Erde zu schicken?«

»Hat Gott nicht schon immer unergründliche Wege gewählt?«, entkräftete Bastian die Frage mit einer Gegenfrage.

»Dem kann ich nicht widersprechen. Doch angesichts der Tatsache, dass wir mit ihrem Levi einen

Termin hatten und er nicht erschienen ist, behalten wir uns vor, seine Existenz bis zum Beweis des Gegenteils infrage zu stellen.«

»Das war mit Sicherheit ein Versehen«, versuchte Bastian weiter die Wogen zu glätten, befürchtete jedoch, dass die Sache für den Moment zu verfahren war, um ein positives Ende zu finden.

»Wie auch immer. So wie es aussieht, haben wir im Moment wohl nicht die Möglichkeit ihn kennenzulernen. Falls ihr Messias wieder auftaucht, können sie gerne nochmal einen Termin vereinbaren. Aber in der nächsten Zeit sind wir sehr beschäftigt.«

Die beiden verabschiedeten sich und machten nicht den Eindruck ihr Angebot ernst zu meinen. Bastian schloss die Tür hinter ihnen und stürmte wutentbrannt ins Nachbarzimmer.

»Was war das denn jetzt bitte?«, schrie Bastian, dem im Normalfall eher alles am Allerwertesten vorbeiging, doch das war nun zu viel des Guten. Keiner reagierte.

»Fitus!«, schrie Bastian munter weiter. »Du hast doch den Termin verschickt.«

Fitus antwortete noch immer nicht, weil er mittlerweile seinen Fehler selbst bemerkt hatte. Er hatte den falschen Termin an Levi und die anderen Kollegen verteilt.

»Wie blöd kann man eigentlich sein?«, rief Louis, dem sogar in seinem Zustand die Freude ins Gesicht geschrieben war, weil der ewige Besserwisser endlich wieder etwas verbockt hatte. »Es war doch ein Fehler, dich von der Kaffeemaschine wegzuholen.«

Obwohl die Lage so ernst war, verfiel Louis wegen seiner Aussage sofort in einen heftigen Lachanfall. Der Spruch war einfach zu gut, um nicht zu lachen. Sogar Levi stimmte mit ein, fing dann aber an, über die ganze Situation nachzudenken und blieb plötzlich an den zwei hübschen Mädchen hängen.

»Nicht schon wieder«, brummelte er vor sich hin. »Seid ihr echt?«, fragte Levi die beiden Mädchen, die nicht wirklich wussten, was die Frage sollte.

»Hä?«, fragten sie daher synchron.

»Genau«, bestätigte nun auch Louis, der trotz Vollrausch nun die Sache ebenfalls mit seinem letzten Flirt in Verbindung bringen konnte. »Seid ihr aus der Hölle?«

Susi fing an zu grinsen. Sie hatte keine Ahnung, dass diese Fragen tatsächlich einen ernsten Hintergrund hatten.

»Das könnt ihr erst beurteilen, wenn ihr uns mindestens einmal Frühstück gebracht habt.«

Marie fing an zu kichern und Bastian war beruhigt. Louis und Levi waren nicht mehr fähig, diese Aussage einzuordnen, doch Bastian wusste, was das zu bedeuten hatte.

»Sie sind sauber«, flüsterte er den beiden Besoffenen zu.

»Hä?«, fragten dieses Mal die beiden angesprochenen Männer synchron.

»Vergesst es«, antwortete Bastian und winkte ab. Glücklicherweise waren auch Susi und Marie viel zu betrunken, um zu erkennen, dass sie sich gerade im Büro des Messias' befanden. Bastian wurde erst in diesem Moment wirklich klar, was für ein Risiko sie eingegangen waren, die beiden mitzunehmen. Erleichtert atmete er tief durch und stellte fest, dass auch Alkohol zuweilen recht sinnvoll sein konnte.

Fitus dagegen saß immer noch unverändert in der Ecke. Er bewegte sich überhaupt nicht.

»Fitus«, rief Levi. »Lebst du noch?«'

Keine Reaktion.

»Wenn er nichts mehr mitbekommt, könnten wir ihn doch raus an die Ampel stellen, oder?«, fragte Louis, der diese Vorstellung immer noch ziemlich witzig fand.

Was ursprünglich so vielversprechend begonnen hatte, endete dann doch ziemlich langweilig. Marie und Susi nötigten Levi noch einen Eimer Sangria anzusetzen, der definitiv nicht mehr nötig gewesen wäre. Der Grund es dann doch noch zu tun, war Bastian gewesen. Schließlich hatte er weitestgehend auf Alkohol verzichtet, weil er den Wagen nach Hause gefahren hatte. Selbst Fitus schnappte sich mit einer seiner wenigen Bewegungen des Abends noch einen Strohhalm und beförderte sich in Rekordgeschwindigkeit ins Jenseits. Marie uns Susi hätten besser auch nichts mehr getrunken und so kam es, wie es kommen musste. Einer nach dem anderen schlief ein, keiner erlebte irgendein Abenteuer und am nächsten Morgen waren die beiden Mädchen verschwunden, ohne eine Handynummer oder sonst etwas hinterlassen zu haben.

Kapitel 26

Trude Schilling hatte endlich ihren Internet-Kurs wahrgenommen. Die Freude ihres Sohnes darüber wich allerdings ziemlich schnell. Er war nicht davon ausgegangen, dass seine Mutter sofort auch einen Rechner mit allem Schnickschnack kaufen würde und er sich mit der Installation rumschlagen musste. Das Einrichten des Rechners, ihrer Email-Adresse, verschiedener Konten und was man eben sonst so alles brauchte, war ihr aber nicht genug.

»Ich will eine eigene Hohmpätsch«, sagte Trude Schilling bestimmend. Ihr Sohn Thomas schlug bei der Vorstellung, seine Mutter auf einer Internet-Seite besuchen zu können, die Hände über dem Kopf zusammen.

»Und dann?«, fragte er. »Was willst du damit anstellen? Willst du Kochrezepte online stellen?«

»So ein Quatsch. Das ist vielleicht was für alte Omas, aber doch nicht für deine Mutter.« Seit ihre Schulter wieder voll funktionsfähig war, strotzte sie nur so vor Tatendrang. Neben ihrem Internet-Kurs hatte sie sich zum Fitnesstraining angemeldet und besuchte jeden Seniorenkreis, der in der Stadt zu finden war. Thomas hatte nicht die geringste Ahnung, woher plötzlich dieser Sinneswandel kam. Nach dem Tod seines Vaters war sie kaum noch zu Hause rausgekommen. Er freute sich natürlich für seine Mutter, dass sie wieder ein Stück Lebensfreude gewonnen hatte. Aber musste es gleich ein so riesiges Stück sein? Anstatt mit einem kleinen Marmorkuchenstück anzufangen, nahm sie sich eine komplette Schwarzwälder Kirschtorte. Inklusive einer halben Flasche Kirschwasser. Er hätte nicht damit gerechnet, dass mit dem neuen Lebensmut seiner Mutter, das Leben für ihn gleichzeitig anstrengender werden würde. Auch wenn er sich dafür fast ein bisschen schämte, schlich sich der Gedanke in seinen Kopf, dass ein wenig Schulterschmerzen ab einem gewissen Alter nicht schaden könnten.

»Ich will eine Seite für den Messias einrichten«, sagte Trude und freute sich wie ein kleines Kind.

»Warum das denn? Der hat doch schon alles.«

»Na und«, antwortete Trude und gab sich nicht die geringste Mühe einen Erklärungsversuch zu starten. Sie wollte es einfach.

Ihr Sohn gab sich irgendwann geschlagen und richtete mit seiner Mutter zusammen eine Fan-Seite im Internet ein. Zum Glück gab es mittlerweile Anbieter, die selbsterklärende Oberflächen anboten und Trude Schilling schaffte es erstaunlich schnell, sich in die Bedienung einzuarbeiten. Einen Facebook-Account hatte sie mittlerweile auch und postete auf der Jesus 2.0 Seite freudig drauf los. In allen Seniorenkreisen erzählte sie immer wieder von ihrer wundersamen Heilung und langsam aber sicher gewann Levi auch bei der älteren Generation an Popularität. Natürlich nicht nur wegen Trude Schilling, aber ihren Teil dazu beigetragen hatte sie allemal. Und auch ohne die totale Vernetzung verbreitete sich ihre Begegnung mit Levi durch das gute alte Telefon in rasanter Geschwindigkeit.

Thomas Schilling verfluchte mittlerweile den Tag, an dem er seiner Mutter diesen Gutschein für den Internetkurs gekauft hatte. Er war davon ausgegangen, dass sie ein bisschen im Netz herumklicken würde, sich vielleicht sogar das ein oder andere bestellen könnte, aber mit diesem Ausmaß hatte er nicht gerechnet. Ständig musste er bei seiner Mutter auftauchen, um ihr bei kleineren und größeren Problemen zu helfen. Die Hotline rief seine Mutter aus Prinzip schon nicht mehr an, weil die ja sowieso alle keine Ahnung hatten.

»Alles blöde Klugscheißer«, zeterte sie nach ihrem ersten Versuch, ein Problem selbst in die Hand zu nehmen. »Die können einem doch überhaupt nichts erklären. Ich habe jedenfalls kein Wort von dem verstanden, was dieser Idiot mir sagen wollte.«

»Willst du es nicht doch noch einmal selbst versuchen?«, fragte Thomas und konnte sich die Antwort eigentlich selbst geben. Seine Mutter hatte schließlich ihre private und natürlich immer kostenlose 24-Stunden-Hotline. Und das war selbstverständlich er. Sehr zum Leidwesen seiner Frau, die sich mit der Zeit massiv darüber beschwerte.

»Auf keinen Fall«, antwortete Mutter. »Und schließlich hab ich ja dich.«

Doch eines musste er ihr zugestehen. Die Statistikfunktion der Seite zeigte Werte an, von denen andere Seitenbesitzer nur träumen konnten. Es waren zwar nicht so astronomische Zahlen wie bei Levis Facebook-Seite, aber trotzdem beachtlich.

Nach einer Weile wurde Trude Schilling sogar von der lokalen Zeitung interviewt. Danach kamen die ersten überregionalen Blätter und sogar ein kleiner Fernsehsender kam mit einem Team vorbei, um aus erster Hand von der wundersamen Geschichte ihrer Heilung zu hören.

Kapitel 27

»Was habt ihr euch denn nur dabei gedacht?«, fragte einer nach dem anderen, als die Sache mit dem Sangria und den Mädels im Stab zur Sprache kam. Wieder einmal waren sich alle einig, dass ein Messias so etwas niemals machen dürfte und auch Bastian wartete schon auf die SMS seines Chefs. Jeder wusste wieder, was man nicht machen sollte. Es war immer das Gleiche.

»Jetzt sind vielleicht all unsere Bemühungen umsonst gewesen«, jammerte Holger.

»Wer weiß, ob uns die Kirche jemals ernst nehmen wird«, setzte Helena nach.

Levi hatte langsam die Faxen dicke. Ständig sollte er sich für irgendetwas rechtfertigen. Schließlich war es ja Fitus gewesen, der sich im Datum geirrt hatte. Nur weil er und sein bester Kumpel ein wenig Spaß hatten, kamen jetzt alle wieder mit dem erhobenen Zeigefinger angerannt. Levi hatte keine Lust mehr. Das war der undankbarste Job auf Gottes weiter Erde. Da hatte er mehr Vitamin B als es sich ein normaler Mensch auch nur im entferntesten Vorstellen konnte und er bekam genau diesen Job. Es hätte bestimmt auch angenehmere Aufgaben geben können, wenn man das Privileg hatte, Gottes Sohn zu sein.

»Ich steig aus«, sagte Levi plötzlich und für alle Beteiligten völlig unvermittelt. Im Büro kehrte plötzlich eine gespenstische Stille ein. Es war, als würde jeder die Luft anhalten. »Ihr könnt mich alle mal«, fügte Levi hinzu, stand auf und schlug die Tür mit einem satten Krachen hinter sich zu.

»Seht ihr?«, rief Louis und unterbrach damit die Ruhe. »Das habt ihr nun davon. Euer ständiges Rumgenörgel ist ja auch nicht zu ertragen. Ihr verdammten Vollidioten.«

Anstelle einer Antwort herrschte wieder Stille. Keiner traute sich etwas zu sagen, weil jedem nach und nach klar wurde, dass es wohl wirklich nicht fair gewesen war, immer nur nach den Schwachstellen zu suchen. Immerhin war der Druck, der auf Levis Schultern lastete ungeheuer groß. Wahrscheinlich größer, als sich jemals ein Mensch vorstellen konnte.

»Und jetzt?«, fragte Fitus, dem schlagartig bewusst wurde, dass er wohl selbst einen großen Teil zu Levis Reaktion beigetragen hatte. Niemand hatte so oft kritisiert wie er.

»Sag bloß in deinem allwissenden Klugscheißerhirn findet sich nicht sofort eine Antwort auf diese Frage. Du meinst doch sonst immer alles zu wissen.« Bastian war richtig sauer. Er wusste nur noch nicht wohin mit seiner Wut. Klar, Fitus wäre dafür immer eine gute Adresse, aber davon würde Levi auch nicht wieder zurückkommen. Sollte es das wirklich gewesen sein? Wollte Levi wirklich hinschmeißen? Bastian hätte es sogar verstehen können. Egal was Levi tat, fand sich immer jemand, der etwas daran auszusetzen hatte. Und wenn es nur Asmodeus war, der ihnen Steine in den Weg legte. Natürlich ist die Sache an diesem Tag extrem schlecht gelaufen, aber da konnte Levi eben am wenigsten dafür. Und dass er zwischendurch mal einen Ausgleich egal in welcher Form brauchte, war auch klar. Den Kopf in den Sand stecken wollte Bastian aber keinesfalls, obwohl er natürlich gerne eine Pause auf unbestimmte Zeit eingelegt hätte. Doch selbst ihn hatte Levi überzeugt und für seine Verhältnisse sogar zu einem kleinen Arbeitstier werden lassen. Wenn auch zu einem sehr kleinen. Selbstverständlich warfen sich in der Zeit, in der Bastian nachdachte, schon wieder alle gegenseitig die bösesten Beschimpfungen an den Kopf. Auch wenn jeder selbst von der eigenen Schuld wusste, war es deutlich besser, trotzdem noch einmal bei einem anderen danach zu suchen. Vielleicht würde man ja fündig werden.

»Ruhe, verdammt noch mal!«, schrie Bastian in einer Lautstärke, die ihn selbst ein wenig erschreckte. Er wusste natürlich, dass Engel nicht öffentlich fluchen sollten, aber er konnte nicht anders. Ihm wären auch noch weitaus schlimmere Flüche eingefallen, von daher musste ihm einer diese Beherrschung erst einmal nachmachen. So energisch hatten ihn die Mitglieder des Stabes jedenfalls noch nie erlebt und erstarrten augenblicklich.

»Wir können uns jetzt weiter gegenseitig vorwerfen, wer mehr falsch gemacht hat, doch das bringt uns nicht weiter und Levi erst recht nicht zurück.«

»Genau«, bestätigte Louis und stellte sich mit verschränkten Armen demonstrativ neben Bastian.

Doch dann war es wieder wie immer. Außer ein paar gescheiterten Versuchen Levi zum Weitermachen zu bewegen, kam mal wieder nichts dabei heraus. Für Louis war die Sache klar. Er hätte eh schon längst hingeschmissen und sich endlich auf den Weg zum Ballermann gemacht, um Sangria-Millionär zu werden. Bei Levis Voraussetzungen würde der Bierkönig in Nullkommanix in der Bedeutungslosigkeit verschwinden. Aber nicht einmal jetzt wollte sich Levi auf diese todsichere Geschäftsidee einlassen.

»Nee, lass mal«, sagte Levi nur und winkte ab. Er hatte überhaupt keine Lust auf gar nichts. Immer nur den Vorstellungen von anderen zu entsprechen war auf Dauer irgendwie nicht sein Ding. Seiner Meinung nach war die Sache im Vorfeld auch ziemlich mies geplant gewesen. Es war eben nicht mehr so wie vor zweitausend Jahren, als die Menschen glaubten, was sie sahen. In einer Zeit, in der es vor Illusionisten nur so wimmelte und einer besser zauberte als der andere, konnte man doch nichts mehr wirklich glauben. Wie auch? David Copperfield flog schon über sein Publikum und ließ ganze Zugwaggons verschwinden. Das konnte Levi nicht. Es war einfach viel zu schwer die Leute wirklich zu überzeugen. Er glaubte nicht, dass auch nur ein Bruchteil der Menschen, die ihm übers Internet folgten, seine Existenz wirklich realisiert hatten. Es waren wohl vielmehr Menschen, die endlich zusammengefunden haben, um so weltweit unter Gleichgesinnten zu diskutieren.

»Und was hast du jetzt vor?«, wollte Louis wissen, da es mittlerweile schon ein paar Wochen her war, dass Levi aus dem Büro verschwunden war.

»Keine Ahnung«, antwortete er wahrheitsgetreu. »Was treiben denn die anderen?«

Levi hatte sich vollkommen zurückgezogen und wollte außer Louis niemanden sehen. Fitus hatte einen riesigen Aufstand gemacht, obwohl er ja eigentlich an dem ganzen Dilemma schuld war. Bastian hielt es für das Beste, Levi einfach ein bisschen Zeit zu geben. Schließlich steht er unter enormem Druck und da war eine Auszeit besser, als wenn er ganz hinschmeißen würde. Obwohl Bastian natürlich nicht wusste, ob Levi nicht schon längst einen Schlussstrich gezogen hatte. Doch das glaubte er nicht. Er hatte ihn in so vielen, für Außenstehende vielleicht unbedeutenden Situationen erlebt, in denen Bastian felsenfest davon überzeugt war, dass aus Levi mit der

Zeit ein wirklich guter Messias werden würde. Ihn machten die kleinen Dinge zu einem ganz großen Menschen. Dinge, die Levi selbst nicht einmal wahrnahm. Deshalb war er sich sicher, dass Levi früher oder später zurückkommen würde. Auch wenn er langsam aber sicher wirklich etwas nervös wurde. Es war eigentlich schon viel später und vom Messias nichts zu sehen. Bastian ließ sich aber vor den anderen nichts anmerken und strahlte absolute Sicherheit bei völliger Ahnungslosigkeit aus. Und das musste ihm erst einmal jemand nachmachen. Da fiel ihm ein, dass er ganz schön oft Dinge tat, die ihm erst einmal jemand nachmachen musste.

»Naja«, setzte Louis an und wusste im ersten Moment nicht, wie er anfangen sollte. »Fitus hat pausenlos versucht, einem nach dem anderen die Schuld in die Schuhe zu schieben. Das hat natürlich nicht geklappt. Nicht einmal Helena hat sich von ihm einlullen lassen. Und das will was heißen. Sie ist, auch wenn ich es nicht gerne zugebe, die Aktivste von allen. Sie hält die Facebook-Seite am Laufen und schaut auch sonst, dass alles was im Internet so geht, im Rahmen bleibt. Nur hat sie dabei mal wieder vergessen die Haare zu waschen, aber das ist ja ein anderes Thema.«

»Und Bastian?«, fragte Levi. Ihn vermisste er schon. Er begleitete ihn ja schon mehr oder weniger sein halbes Leben lang.

»Der ist ziemlich entspannt und überzeugt davon, dass du es dir irgendwann anders überlegst. Er schwafelt immer zu, dass du der wahre Messias bist und eigentlich gar nicht anders könntest, als deinen Weg zu gehen. Ich hab ihm erzählt, dass es auch die Alternative am Ballermann geben könnte, aber nicht einmal Bastian geht darauf ein. Der Rest missioniert so vor sich hin, aber irgendwie sinkt die Motivation ein bisschen. Was ich allerdings auch verstehen kann, denn ohne Messias macht's nicht wirklich viel Spaß.«

»Hm«, brummelte Levi und zog die lokale Tageszeitung zu sich her, weil er glaubte, die ältere Dame auf dem kleinen Bild rechts unten auf der Titelseite erkannt zu haben.

»Das gibt's doch nicht«, sagte Levi überrascht.

»Zeig mal her!« Louis schnappte sich die Zeitung und fing an den kleinen Bericht zu lesen. »Hey, du bist ja schon der Held im Altersheim.« Louis grinste und gab seinem Freund die Zeitung zurück.

»Sei mal nicht so abfällig älteren Menschen gegenüber.«

»Jetzt hab dich mal nicht so. Man wird doch wohl noch ein kleines Späßchen machen dürfen.«

»Weißt du, wer das ist?«, fragte Levi, da Louis den Zusammenhang scheinbar nicht mehr herstellen konnte.

»Nein«, antwortete er, ohne nachzudenken. »Ich hab ja schon Schwierigkeiten mich an meine Klassenkameraden zu erinnern. Wie soll ich denn da die Rollatorfraktion der ganzen Stadt kennen?«

»Das ist die Frau mit den Eiern.«

»Woher willst du wissen, dass die Frau Eier hat?«, fragte Louis und zog eine Augenbraue nach oben. Er hatte immer noch keine Ahnung, wen Levi meinte, dachte aber darüber nach, ob er schon mal eine Frau mit Eiern kennengelernt hatte.

»Oh Mann«, stöhnte Levi. »Nicht solche Eier. Die Frau, die mich auf der Straße mit Hühnereiern beworfen hat, weil ich ihre Einkaufstüte runtergeworfen habe.«

»Ach die kleine Terroroma«, antwortete Louis lachend. »Erst beschimpft sie dich und dann gründet sie einen Seniorenfanclub. Die ist vielleicht mal schräg drauf.«

Levi dachte kurz nach und dann fiel ihm ein, dass er Louis ja gar nichts von seiner kleinen Wundertat erzählt hatte.

»Auf dem Heimweg hat sie mir von ihren Schmerzen in der Schulter erzählt. Als wir bei ihr vor der Haustüre standen, hab ich ihr die Hand aufgelegt und die Schmerzen genommen.«

»Wieso hast du das nicht erzählt?«

»Keine Ahnung. Wahrscheinlich hat mich Angela Merkel zu sehr geschockt, als ich zurückgekommen bin.«

»Da hätten wir aber eine geniale PR-Story draus machen können.«

Levi blätterte in der Zeitung etwas weiter nach hinten in den Lokalteil und las den ganzen Bericht über Trude Schilling.

»Lies mal«, sagte Levi und hob den Bericht seinem Freund unter die Nase. »Das hat sie für uns schon gemacht.«

»Genial«, bestätigte Louis und fügte sofort hinzu. »Nur schade, dass der Messias alles hingeschmissen und keine Lust mehr hat.«

Levi war wirklich gerührt von Trude Schillings Einsatz. Vielleicht war sie ja der Schlüssel. Vielleicht glaubten ihr die Leute tatsächlich ihre Geschichte.

Einen Tag später stand plötzlich der nächste Bericht in der Zeitung. Ein kleiner Junge berichtete zusammen mit seiner Mutter, die auf dem Foto furchtbar stolz in die Kamera lächelte, dass Levi ihrem Sohn eine Schürfwunde am Knie geheilt hätte. Dass sie dem Messias mit ihrer Handtasche einen bösartigen Schwinger versetzt und ihren Sohn angeschrien hatte, stand aber nicht in dem Bericht. Es waren nur zwei Berichte in der Lokalpresse, die aber innerhalb einer Woche von der nationalen Presseagentur im ganzen Land verteilt wurden. Die Auflagen aller Zeitungen waren in kürzester Zeit vergriffen und Onlineagenturen verbreiteten die Geschichten in Windeseile im Internet. Die Facekook-Seite von Levi erlebte ihren zweiten Frühling. Das Video, in dem Levi dem kleinen Vogel ein neues Leben schenkte, wurde innerhalb einer Woche zum meistgeschauten Clip überhaupt. Die Ereignisse überschlugen sich und plötzlich standen sogar Fernsehteams Schlange, um den ersten Fernsehbericht zu zeigen. Levi war mit der Situation überfordert und wandte sich an Louis, da er immer noch nicht wieder zurück in seinem Büro war.

»Louis, du bist mein Stabschef«, sagte Levi und Louis ahnte schon Böses.

»Oh je.«

»Was soll ich jetzt ich machen? Das ist gerade alles ein bisschen viel.«

»Das fragst du gerade mich?«

»Ist ja kein anderer da.«

»Mist.«

»Was ist jetzt? Hast du einen Plan.«

Louis dachte nach. Zuerst verfluchte er den Moment, in dem er sagte, er wolle Stabschef und kein normaler Follower sein. Damals konnte ja auch noch keiner riechen, dass die Sache solche Ausmaße annehmen würde. Er konnte es drehen und wenden, wie er wollte. Er musste sich etwas einfallen lassen.

Für einen Alleingang war die Sache allerdings mittlerweile viel zu groß geworden. Das würde er niemals schaffen. Die Alternative war, den Rest des Stabes um Mithilfe zu bitten. Was zwangsläufig bedeuten würde, dass auch Fitus seinen Senf dazugeben würde. Ausschließen konnte er ihn aber auch nicht, immerhin wurde er ja von offizieller Seite zur Verstärkung geschickt. Er müsste zuerst Bastian mit ins Boot nehmen und hoffen, dass die anderen aus dem Stab mitspielten.

»Hallo?«, sagte Levi nach einer Weile fragend und tippte Louis auf die Schulter. »Erde an Louis, ist es nur noch deine menschliche Hülle, die neben mir sitzt, oder ist dein Geist auch noch da?«

»Was? Äh, ja«, stammelte Louis und wurde aus seinen Gedanken gerissen. »Lass mich mal machen. Ich glaube mir fällt da etwas ein. Ich sag dir dann Bescheid, wenn ich einen richtigen Plan habe.«

»Na toll«, antwortete Levi enttäuscht.

»Ach ja, noch etwas«, sagte Louis beim Gehen. »Nimm kein Angebot eines Fernsehsenders an.«

»Warum nicht?«, wollte Levi wissen. Er hatte zwar sowieso keine Lust auf eine Fernsehtalkshow, aber er hätte doch gerne die Hintergründe seines Freundes gekannt.

»Kann ich dir noch nicht sagen. Ich muss erst ein paar Dinge klären. Vertrau mir einfach.«

»Na toll«, stöhnte Levi zum zweiten Mal und Louis verschwand.

Kapitel 28

Zwei Wochen später saßen Louis und fast der gesamte Stab im Besprechungszimmer ihres Büros. Alle warteten gespannt auf Bastian, der noch ein sehr wichtiges Gespräch zu Ende bringen musste. Alle standen in den Startlöchern, doch das geplante Großereignis hing von Bastians Erfolg ab.

Levi wäre zu gerne einfach so wieder aufgekreuzt, aber das konnte er irgendwie nicht. Schließlich war er gegangen ohne einen Grund dafür zu nennen und hatte den Rest sitzen lassen. Auch wenn es ihm furchtbar gegen den Strich ging, mahnte er sich selbst, Geduld zu üben und betete, dass sein Freund Louis Wort hielt und schon bald mit einem ausgereiften Plan auf ihn zukommen würde. Trotzdem war die elendige Warterei zum Kotzen. Er hatte sich in der Zwischenzeit mit Trude Schilling getroffen, die sich zusammen mit ihm fotografieren ließ und einen Tag später ihre Geschichte mit neuem Foto von sich und Levi für einen gemeinnützigen Zweck erneut an die Presse verkaufte. Er wusste auch nicht, wie lange er noch untertauchen konnte. Levi hatte das Gefühl überall beobachtet zu werden. Er traute sich schon kaum mehr auf die Straße und verbrachte die meiste

Zeit in einem Hotelzimmer, da sein Elternhaus pausenlos von der Presse belagert wurde. Seine Eltern standen ihm zwar immer etwas skeptisch gegenüber, da sie die ganze Sache nicht ernst nahmen und vom christlichen Glauben sowieso nicht viel hielten, unterstützten ihn aber trotzdem wo sie konnten. Er hatte lange Gespräche mit ihnen geführt, da gerade sein Vater ein kleines Problem damit hatte, scheinbar nicht wirklich der Erzeuger von Levi zu sein. Es war zwar etwas anderes als fremdgehen, aber komisch war die Sache doch für ihn. Levi hatte während der Zeit, in der er sich furchtbar langweilte und nichts mit sich anzufangen wusste, nachdem er Trude Schilling besucht hatte, noch zwei ganz besondere Begegnungen, mit denen er überhaupt nicht mehr gerechnet hatte.

»Hallo Levi«, sagte plötzlich eine junge wunderhübsche Frau zu ihm, als er gerade mit Baseballkappe und Sonnenbrille im McDonalds auf der Terrasse saß und genüsslich einen dicken Burger verdrücken wollte. Das war eigentlich das Highlight des Tages, da er immer noch auf eine Nachricht seines Freundes wartete.

»Hallo«, antwortete er und hatte keine Ahnung, wer ihn da gerade erkannt hatte.

»Kennst du mich noch?«, fragte sie, setzte sich zu ihm und beugte sich so weit nach vorne, dass er froh war, eine Sonnenbrille zu tragen. Seine Augen mussten nämlich zwanghaft in ihr Dekolleté starren. So bildete er sich zumindest ein, dass sein Blick seinem Gegenüber verborgen blieb.

»Wenn ich ehrlich bin«, antwortete Levi und stockte kurz. »Äh, nein.«

»Sarah«, sagte sie und zog ihm seine Brille von der Nase. Er schaffte es gerade noch rechtzeitig seinen Blick etwas weiter nach oben zu verlagern. Blitzartig wurde ihm klar, wer da vor ihm saß. Mit diesem Namen waren gleichzeitig sein größter Fehltritt und die größte Schmach verbunden. Plötzlich kam er sich wieder vor, wie das Pickelgesicht aus der Schule. Als sein mittlerweile recht passables Selbstbewusstsein gerade die Flucht antreten wollte, rief er sich ins Gedächtnis, dass er der Messias war. Er brauchte sich nicht mehr zu verstecken. Und schon gar nicht vor eingebildeten Zicken, die meinten zweimal nett zu blinzeln und alles sei vergessen.

»Du hast mir in die Eier getreten, stimmt's?«, erwiderte er fragend, obwohl er die Antwort natürlich wusste. Sarah hatte tatsächlich die Frechheit besessen, sich zu ihm an seinen Tisch zu setzen. Was erwartete sie? Wollte sie plötzlich Maria Magdalena werden?

»Ach«, winkte sie ab und war nicht einmal peinlich berührt von seiner direkten Antwort. »Das ist doch Schnee von gestern. Gut siehst du aus.«

»Du auch«, gab Levi zurück und wollte abwarten, was sie wirklich von ihm wollte.

»Danke«, sagte Sarah und griff plötzlich nach seiner Hand. Levi wurde nervös und das kotzte ihn an. Er hasste Sarah immer noch. Trotzdem war er nicht fähig seine Hand sofort wegzuziehen. Sie hatte ein so einnehmendes Wesen, dass sie wahrscheinlich immer noch problemlos alles bekam, was sie wollte. Und genau das wollte Levi jetzt endlich erfahren.

»Was willst du von mir?«

»Vielleicht ein bisschen Zeit mit dir verbringen?«

»Und wieso auf einmal?« Levi schaute sich um. Mehr aus Verlegenheit, als dass er irgendetwas suchte. Diese dumme Kuh schaffte es immer noch, ihn nervös zu machen. Als sein Blick an der großen Fensterfront des Fast-Food-Restaurants vorbeistreifte, konnte er im Augenwinkel erkennen, dass sich plötzlich drei ziemlich aufgetakelte, ebenfalls gut aussehende Frauen wegdrehten und so taten, als würden sie sich angeregt unterhalten. Es war also wieder mal ein Spiel. Sie schreckte nicht einmal vor seinem enormen Bekanntheitsgrad zurück. Oder vielleicht war es auch genau das, was sie reizte. Wahrscheinlich hatte sie schon alles in ihrem jungen Leben gehabt und es fehlte nur noch ein Messias auf ihrer Liste. Er wusste zwar nicht, ob es ihr Ziel war, ihn einfach nur abzuschleppen, oder ob sie ihn ein letztes Mal erniedrigen wollte. Doch das war Levi eigentlich scheißegal. Sie würde beides nicht schaffen. Auch wenn er zu seinem eigenen Leidwesen immer noch gerne einmal an ihre perfekt geformte Brust gefasst hätte. Doch er blieb hart. Während er nachdachte, schaute er wieder zu Sarah und sie streichelte immer noch seine Hand. Sie schaute ihm in die Augen und er hätte heulen können. Die versprachen ein unbeschreibliches Abenteuer. Und zwar eins von der Sorte, von denen er immer geträumt hatte. Dann öffnete sie sogar ganz langsam ihre wunderschönen Lippen. Nur ein kleines bisschen, aber das alleine war schon pure Lust. Jetzt wurde es Zeit die Handbremse zu ziehen.

»Komm mal ein bisschen näher«, flüsterte Levi und beugte sich selbst ganz langsam ein wenig nach vorne. Sie tat es ihm gleich und ihre Köpfe näherten sich immer weiter. Dann schloss Sarah die Augen und Levi klappte den Rest seines Burgers auf. Kurz bevor sich ihre Lippen trafen, klatschte er ihr die mit Barbecuesoße beschmierte Seite mitten auf die Stirn.

»Das ist für den Tritt«, sagte Levi und stand auf. Sarah war unfähig zu antworten. Sie konnte sich nicht einmal mehr bewegen. Am liebsten hätte sich Levi jetzt noch in ihre Gedanken geschlichen und sie extrem peinliche Sachen machen lassen. Aber er hatte sich ja geschworen, so etwas nicht mehr zu tun. Gut, die Sache mit dem Sangria im Schlauchboot war auch nicht viel besser, aber irgendwo musste er ja eine Grenze ziehen. Den Hohn konnte er sich sparen, denn das übernahmen ihre tollen Freundinnen hinter der Scheibe. Sie lachten sich schlapp und das reichte Levi schon. Sie hatte endlich einmal erlebt, wie es war, so gedemütigt zu werden. Er wollte gar nicht wissen, wie viele außer ihm, Ähnliches mit ihr erlebt hatten. Levi drehte sich um und ging. Er war noch völlig in Gedanken, als ihn ein paar Augenblicke später auf dem Parkplatz schon wieder jemand ansprach.

»Gehört sich das für einen anständigen Messias?«

Levi wollte eigentlich schon ausflippen, bevor er sich umgedreht hatte, da ihn die Sache mit Sarah auch so schon deutlich mehr beschäftigte, als er das eigentlich wollte. Doch irgendetwas an der Stimme hinderte ihn daran. Auch wenn er sie nicht erkannte, kam sie ihm doch sehr vertraut vor. Daher drehte er sich nur um und sagte erst einmal gar nichts.

»Du weißt nicht mehr wer ich bin, oder?«

Levi dachte angestrengt nach, doch er war sich nicht sicher.

»Gib mir einen kleinen Tipp«, bat er.

»Wir waren Freunde in der Grundschule, bis ich damals mit meinen Eltern weggezogen bin«, erklärte sie und vor Levis geistigem Auge fing sich der Nebel an zu lichten. »Und du hast mich vor diesem fetten Typen aus der vierten Klasse gerettet, weißt du noch?«

»Sina?«, fragte Levi. »Du bist Sina, oder? Seit wann wohnst du denn wieder hier?«

»Erst ein paar Monate. Ich habe hier angefangen zu studieren.«

»Das ist ja toll. Ich habe wirklich oft an dich gedacht.«

»Wirklich? Und das, obwohl du mittlerweile so bekannt bist?«

»Mir wäre es manchmal lieber es wäre nicht so. Aber irgendwie scheine ich ja keine Wahl zu haben. Ich habe den Job bekommen, ohne mich darauf beworben zu haben.«

»Sollen wir einen Kaffee zusammen trinken?«, fragte Sina und fügte mit einem bezaubernden Lächeln hinzu. »Gegessen hast du ja schon.«

»Gerne.« Levi war unendlich froh über diese Begegnung. Obwohl sie sich eine Ewigkeit nicht gesehen hatten und sie damals noch Kinder waren, fühlte er sich sofort wieder wohl in ihrer Gegenwart. Sie saßen den halben Nachmittag zusammen und Levi erzählte Sina seine ganze Geschichte. Es tat ihm unheimlich gut, sich alles von der Seele zu reden. Sie war die erste, die ihn nicht von Anfang an mit Erwartungen überhäufte, sondern einfach zuhörte.

»Und was willst du jetzt machen?«, fragte sie, als Levi mit seiner Geschichte in der Gegenwart angekommen war.

»Wenn ich ehrlich bin, habe ich keine Ahnung«, antwortete Levi wahrheitsgetreu. Trotz der intensiven Arbeit in der Vergangenheit war er nie an einem Punkt angelangt, an dem er genau wusste, was er tun sollte. Er konnte das Gerede von der Kreativität des

Messias' nicht mehr hören. Das war doch für alle in seinem Umfeld nur die Ausrede, um mit keiner vernünftigen Idee kommen zu müssen. Alle versteckten sich immer wieder hinter dieser Aussage, um sein Tun und Handeln nicht negativ zu beeinflussen. Komischerweise entdeckten sie aber regelmäßig Dinge, die er falsch machte. Es war zum Kotzen. Am liebsten wäre er auf der Stelle mit Sina durchgebrannt. Sie war mittlerweile eine wirklich hübsche junge Frau geworden. Ein ganz anderer Typ als Sarah, aber trotzdem hübsch. Die Brille von damals hatte sie wohl durch Kontaktlinsen ersetzt. Ihr schwarzes lockiges Haar viel ihr locker über die Schultern und das Lächeln war noch dasselbe wie früher. Viel wichtiger war aber, dass sie ihm wirklich zuhörte. Er fühlte sich sofort wieder wie damals. Die beiden gingen durch dick und dünn und hatten jede Menge Spaß miteinander.

»Hm«, sagte Sina und wusste nicht, ob sie Levi nach dessen Erzählung beneiden oder bemitleiden sollte. »Das ist wirklich eine verzwickte Situation. Auf die Schnelle würde mir ehrlich gesagt auch nicht einfallen, was ich an deiner Stelle tun würde.«

»Und genau da liegt der Hund begraben«, antwortete Levi. »Das weiß nämlich niemand. Und alle warten darauf, dass ich die Welt von heute auf morgen ein Stückchen besser mache. Das macht einem schon ein bisschen Druck.«

»Das kann ich verstehen«, sagte Sina.

»Ich bin echt froh, dass Louis dabei ist. Auch wenn ich wegen ihm regelmäßig Ärger bekomme, tut die Abwechslung zwischendurch ganz gut.«

»Wenn ich irgendetwas für dich tun kann, dann sag es bitte«, bot Sina an. Levi dachte darüber nach und hatte tatsächlich einen Einfall zu ihrem Angebot.

»Wenn du Lust hast, würde ich mich freuen, wenn du einfach mal zu unseren Treffen mitkommen würdest. Ich glaube jemanden mit dem nötigen Abstand dabei zu haben, könnte nicht schaden.«

»Schön«, sagte Sina. »Dann sag Bescheid. Ich werde kommen. Aber jetzt muss ich wirklich los.«

Sina und Levi standen auf. Bevor sie sich verabschiedeten, standen sie sich noch einen Moment gegenüber und schauten sich in die Augen. Levi hätte den restlichen Tag noch so stehen können. Die beiden drückten sich zum Abschied und als Sina schon ein paar Schritte gegangen war, rief Levi ihr hinterher.

»Sina!«

»Ja?«

»Ich hätte dich nicht nur gerne dabei, weil du ein wenig Abstand hast, sondern vor allem, weil ich tierisch froh bin, dich wiedergesehen zu haben.«

»Das geht mir auch so«, entgegnete Sina und setzte das schönste Lächeln auf, das Levi sich vorstellen konnte.

»Und?«, fragte Louis erwartungsvoll, als Bastian endlich wieder zurück ins Büro gekommen war. Die Spannung war fast nicht mehr auszuhalten, weil Louis' Idee maßgeblich von diesem Gespräch abhängig war. Er hatte zwar schon so gut wie alles organisiert, hatte aber nicht bedacht, was alles an Genehmigungsverfahren zu durchlaufen waren, um so etwas auf die Beine zu stellen. Ohne Unterstützung der Kirche war nicht an eine Umsetzung seines Plans zu denken. Doch gerade die war ja lange konsequent gegen die Anerkennung Levis als Messias. Die Kirche hatte sich in der Vergangenheit nicht wirklich viel Mühe gegeben, sich wenigstens ein bisschen damit auseinanderzusetzen. Doch nachdem Trude Schillings Rentnerhomepage einen wahren Boom bei den älteren Menschen ausgelöst hatte, kam die Kirche irgendwann nicht mehr drum herum, in den Dialog zu gehen. Schließlich machte genau diese Bevölkerungsgruppe mittlerweile einen Großteil der Kirchgänger aus. In jedem Gottesdienst kamen Fragen auf, die der Pfarrer nicht beantworten konnte. Fragen nach Levi. Und so kam es, dass es Bastian gestattet wurde, an einer großen Gesprächsrunde verschiedener Kirchen teilzunehmen, um unter anderem auch ihren Plan zur Untermauerung der Existenz Levis vorzustellen. Es hat länger gedauert als gedacht und Louis hatte mittlerweile schon so viel Kaffee intus, dass er fast anfing, auf der Stelle zu hüpfen. Selbst Fitus war eine gewisse

Nervosität anzusehen, auch wenn er viel lieber an Bastians Stelle die Verhandlungen geführt hätte. Aber nach seinem verpatzten Termin stand seine Teilnahme überhaupt nicht mehr zur Debatte. Er war schon froh, nicht sofort wieder zur Saftschubse degradiert worden zu sein.

Bastian stand zuerst ausdruckslos im Türrahmen. Er setzte ein ernstes Gesicht auf, das von seiner Mafiakluft noch unterstützt wurde. Das perfekte Pokerface. Dann konnte er sich nicht mehr halten, fing an zu grinsen und streckte beide Daumen in die Höhe.

»Sie machen mit«, sagte er nur und im Büro wurden umgehend die Sektflaschen aufgerissen. Louis schnappte sich sein Handy, ging vor die Tür und rief Levi an.

»Du kannst kommen.«

Kapitel 29

Levi betrat das Büro und konnte nicht auf Anhieb deuten, was hinter den Gesichtern seiner Kollegen vorging, als sie Sina an seiner Seite sahen. Er hatte zwar angekündigt jemanden mitzubringen, hatte aber natürlich keine Ahnung wie sein Stab darauf reagieren würde.

»Das ist Sina«, sagte er, nachdem die Stille etwas unangenehm wurde. »Sie ist eine alte Freundin und ich möchte, dass sie dabei ist.«

»Hallo«, grüßte Sina kurz in die Runde und lächelte genau so lange, bis Fitus sich zu Wort meldete.

»Aha«, sagte Fitus und schaute natürlich extrem skeptisch. »Und warum denkst du, dass sie uns helfen könnte?« Fitus war wenig angetan, einen völligen Grünschnabel im engsten Kreis zu haben.

»Weil sie die Sache noch neutral sehen kann. Wir machen seit einer kleinen Ewigkeit nichts mehr anderes und haben vielleicht schon Scheuklappen auf.«

»Kennst du dich in der Bibel aus und weißt du wenigstens grob, was wir in der letzten Zeit alles gemacht haben?«, wollte Helena wissen, der die Anwesenheit einer zweiten Frau völlig gegen den Strich ging. Warum das so war, wusste sie selbst nicht, aber sie fühlte sich sofort in Konkurrenz mit ihr. In diesem Moment dachte sie zum ersten Mal ernsthaft über die Häufigkeit des Haarewaschens nach. Doch noch bevor Sina antworten konnte, platze Louis dazwischen.

»Ist doch egal. Hauptsache wir haben endlich mal eine Frau in unserer Mitte.«

»Bin ich etwas keine Frau?«, keifte Helena dazwischen und wäre fast vor Zorn explodiert.

»Naja«, antwortete Louis. »Meine Hand möchte ich dafür nicht ins Feuer legen.« Er schlug sich vor Lachen auf den Schenkel und auch Bastian konnte sich einem Grinsen nicht erwehren. Der Rest des Stabes versuchte in eine andere Richtung zu schauen.

»Das ist diskriminierend«, rief Helena, obwohl sie Sina selbst nur aus dem Grund, dass sie eine Frau war, nicht in ihrer Nähe haben wollte. Levi ging aber einfach darüber hinweg, weil er endlich wissen wollte, was aus der Idee seines Freundes geworden ist, von der er noch nicht einmal die leiseste Ahnung hatte, um was es sich dabei handeln könnte.

»Leute«, sagte Levi und mahnte mit einer Handbewegung zur Ruhe. »Könnte mir jetzt vielleicht endlich mal jemand erklären, was ihr in den letzten Wochen ausgeheckt habt.«

»Also«, setzte Fitus an, um sich mit fremden Federn zu schmücken.

»Fresse«, fiel ihm Louis ins Wort. »Ich kann mich nicht daran erinnern, dass es deine Idee war.«

Fitus hob beschwichtigend beide Hände. Eigentlich hatte er ja gar nicht reden wollen, aber es lag wohl einfach in seiner Natur, alles was er wusste, von sich geben zu müssen. Er war eben ein waschechter Klugscheißer. Oder viel mehr ein klugscheißender Engel, der noch Karriere machen wollte. Sina fühlte sich noch etwas unwohl in ihrer Haut und sagte erst einmal gar nichts mehr.

»Wir haben ein ganz offizielles Coming-out für dich geplant«, begann Louis mit seinen Ausführungen, wurde aber sofort von seinem Freund Levi unterbrochen.

»Wieso Coming-out? Ich bin doch nicht schwul.«

»So habe ich das ja auch gar nicht gemeint«, erklärte Louis. »Dann nenn es eben eine Vorstellung oder sonst wie. Ist mir eigentlich auch egal.«

»OK.«

»Kann ich jetzt?«, fragte Louis.

»Leg los«, forderte Levi ihn auf.

»Du wirst eine Rede halten. So ähnlich wie dein Halbbruder damals die Bergpredigt gehalten hat. Nur mit dem kleinen Unterschied, dass wahrscheinlich so viele Menschen kommen werden, dass kein Berg der Welt ausreichen würde, alle zuhören lassen zu können. Deshalb haben wir die Presse und sämtliche nationale und internationale Fernsehsender informiert.«

»Und die kommen natürlich alle?«, sagte Levi fragend und konnte sich den zynischen Unterton dabei nicht verkneifen. Er ging nach wie vor davon aus, dass ihn alle offiziellen Stellen nicht anerkennen würden.

»Natürlich«, sagte nun Bastian. »Ich bin mit allen wichtigen Kirchenvertretern an einem Tisch gesessen und nach einigem Hin und Her haben sie uns ihre Unterstützung zugesichert. Ohne sie hätten wir eine solche Großveranstaltung auch niemals genehmigt bekommen. Die Fernsehsender waren sogar Bedingung der Behörden, da sie Angst hatten, es würden zu viele Menschen an den Veranstaltungsort pilgern, wenn es nicht auch bequem zu Hause auf dem Fernseher oder übers Internet zu empfangen sein würde.« Bastian machte eine kurze Pause und fügte hinzu, als Levi sichtlich zu keinem Kommentar fähig war. »Levi, die Leute fangen an zu glauben. Es geht tatsächlich los. Was jetzt genau den Ausschlag dafür gegeben hat, können wir nicht mehr sagen. Ich denke, es waren einfach viele kleine Dinge, die in der Summe ausreichten, um immer mehr Unterstützung für dich zu finden.«

Levi kam sich vor, als wäre er ein halbes Jahrzent weg gewesen. Es hatte in der kurzen Zeit Ausmaße angenommen, die er vor ein paar Wochen noch als undenkbar abgetan hätte. Was die anderen so sehr freute, erdrückte ihn jedoch fast. Er sollte sich vor die ganze Welt stellen und irgendetwas sagen, was auch noch alle hören wollten. Aber er wusste einfach nicht, was das sein sollte.

»Und was soll ich der Welt sagen?«, fragte Levi und stand kurz vor einer spontanen Panikattacke. Doch auch keiner seiner Kollegen hatte eine Antwort parat. Es war wie immer. Die Kreativität des Messias sollte nicht durch Vorschläge beeinträchtigt werden. Levi konnte diesen Mist schon nicht mehr hören und wäre am liebsten einfach wieder weggelaufen. Plötzlich meldete sich Sina schüchtern zu Wort.

»Erzähle ihnen doch einfach deine Geschichte.«

»Und dann?«, fragte Fitus. »Die kennt doch schon jeder.«

»Das stimmt so nicht«, widersprach Sina und Louis freute sich diebisch. Er fand diese Frau klasse. »Das denkt ihr vielleicht, weil ihr seit Jahren alles mitbekommt. Aber als Levi mir seine Geschichte erzählt hat, habe ich so vieles erfahren, das man nicht mitbekommt, wenn man auf das Internet, die Presse oder die Geschichten anderer angewiesen ist. Es waren viele Kleinigkeiten, die für euch vielleicht unbedeutend sind. In diesem Moment konnte ich alles spüren, was in ihm steckt. All seine Liebe und Güte. Es war, als helle sich der Tag auf, nur weil Levi gesprochen hat. Tief in meinem Herzen konnte ich ihn spüren. Und das geht den anderen Menschen mit Sicherheit genauso.«

Levi konnte gar nichts dazu sagen. Er hatte Mühe, sich die Träne, die sich in sein Auge vorgearbeitet hatte, zu unterdrücken. Es war so einfach und doch so schön, was Sina gesagt hatte. Und es widersprach ihr nicht einmal jemand. Sogar Fitus dachte nur darüber nach und konnte nichts finden, was dagegen sprach. Vielleicht waren sie wirklich alle betriebsblind und konnten Levi deshalb nicht fühlen.

»Prima«, sagte Louis. Es fiel ihm ein halber Steinbruch vom Herzen, da die Lösung des letzten Problems doch so einfach war. Selbst die größte Veranstaltung hätte nichts gebracht, wenn Levi nichts daraus machen würde. Und was Sina sagte, war plausibel. »Dann steht jetzt also unser Event.«

»Na ja«, meldete sich Fitus dann doch noch zu Wort und tat Louis auch dieses Mal nicht den Gefallen einfach die Klappe zu halten. »Bis auf die offenen Organisationsfragen, bezüglich solch banaler Dinge wie der Sicherheit, der Verpflegung, der Bühne, der Beschallung, der unzähligen ehrenamtlichen Helfer, die wir brauchen, um die Sache durchzuziehen. Auch wenn die Kirche mit dabei ist, stehen noch wahnsinnig viele Behördengänge und Genehmigungsverfahren an. Aber ansonsten ist alles schick.«

Fitus war der größte Spielverderber aller Zeiten. Das Schlimme in diesem Moment war aber, dass der

Arsch auch noch recht hatte. An diese Dinge hatte Louis natürlich keinen Gedanken verschwendet und wenn er kurz darüber nachdachte, hatte er nicht einmal ansatzweise eine Vorstellung, wie das alles erledigt werden sollte. Aber wozu war er der Stabschef? Man musste als Chef schließlich auch delegieren können.

»Und da kommst du ins Spiel, Fitus«, konterte Louis völlig selbstsicher. »Wer wäre für diese Aufgabe besser geeignet, als du? Immerhin hast du von uns mit Abstand den größten Durchblick und so wie ich dich kenne, hast du dir auch schon jede Menge Gedanken darüber gemacht, oder?«

Natürlich hatte er sich Gedanken gemacht. Aber doch nicht, um alles selbst zu organisieren. Er hatte sich eher für alle Eventualitäten die passenden Kritikpunkte zurechtgelegt, um Louis immer mal wieder eins reinwürgen zu können. Und jetzt sollte er selbst den großen Organisator spielen? Selbst wenn er gewollt hätte, sein Ego hätte es niemals zugelassen, diese Aufgabe auszuschlagen.

»Da hast du vollkommen recht«, antwortete Fitus und war sich seiner Sache aber nicht halb so sicher, wie der Ton in seiner Stimme vermuten ließ.

»Na dann ist ja alles in Butter«, bestätigte Bastian und rieb sich zufrieden die Hände.

In den Wochen vor der großen Levi-Show, wie Louis es immer gerne nannte, lief der ganze Stab zur Höchstform auf. Allen voran Fitus, der anfangs etwas damit zu kämpfen hatte, da er genau wusste, warum Louis die Sache auf ihn abgewälzt hatte. Aber je mehr er sich einbrachte und dadurch auch regelmäßig die Anerkennung der Kollegen einheimsen konnte, desto besser lief ihm seine Arbeit von der Hand. Selbst Louis musste sich eingestehen, dass Fitus wohl wirklich mit Abstand der Beste für diesen Job gewesen war. Er musste sich zwar etwas zwingen, aber am Vorabend ihres Events klopfte Louis seinem ewigen Widersacher anerkennend auf die Schulter.

»Respekt, mein Lieber. Das hast du echt klasse hinbekommen.«

Fitus war etwas perplex und brauchte ein paar Sekunden, um zu reagieren.

»Danke«, sagte Fitus und wartete noch einen Moment ab, ob nicht doch noch irgendetwas nachkommen würde. Aber es kam nichts. »Aber nur weil du diese grandiose Idee hattest.«

Bastian stand daneben und schaute Levi an.

»Das gibt's doch nicht, oder?«

»Nee«, bestätigte Levi. »Das gibt's wirklich nicht.«

An diesem Abend stieg Levis Nervosität noch fast bis ins Unerträgliche. Obwohl er wusste, dass er ganz einfach nur seine Geschichte erzählen sollte, konnte er an nichts anderes mehr denken. Er telefonierte noch eine kleine Ewigkeit mit Sina, die ihm versprach, gleich am nächsten Morgen bei ihm zu sein. Er hatte das Gefühl, es wäre viel leichter, wenn sie an seiner Seite stehen würde.

Kapitel 30

»LEVI!«, schrie Louis, der zusammen mit seinem Freund die Nacht vor der großen Rede in einem Hotelzimmer verbracht hatte. »Los, aufwachen!«

»Was ist denn?«, fragte Levi schlaftrunken, der den Wecker nicht einmal im Unterbewusstsein wahrgenommen hatte. Er fühlte sich, als wär er sowieso erst vor ein paar Minuten eingeschlafen.

»Wir müssen los. Du musst doch noch siebenundzwanzigtausend Liter Sangria aus Quellwasser machen.«

»Hä?« Levi rieb sich die Augen.

»Hast du das etwa vergessen? Los, mach schon.«

»Wie? Echt jetzt?« Levi versuchte gerade sein linkes Auge ebenfalls zu öffnen, doch es war festgeklebt. Er schaute einäugig in Louis' Richtung und fragte sich, ob vielleicht doch alles nur ein Traum gewesen war und er gerade nach einem Wahnsinnsrausch mit seinem Kumpel in einer billigen Absteige am Ballermann aufwachte.

»War nur Spaß«, sagte Louis und Levis Hoffnung auf den Traum wurde wieder im Keim erstickt. Also musste er heute wirklich vor wer weiß wie vielen Menschen reden. Ihm war jetzt schon ganz schlecht.

»Aber wir müssen uns trotzdem beeilen. Du hast verpennt.«

Levi wären sofort hundert Dinge eingefallen, die er jetzt gerne gemacht hätte, um dieser Rede zu entkommen. Doch es half alles nichts. Da musste er wohl durch. Falls er irgendwann mal im Himmel ankommen würde, nahm er sich vor, ein ausgiebiges Gespräch mit seinem Halbbruder zu führen. Er hätte zu gerne gewusst, ob er auch zwischendurch daran gedacht hatte, ein Leben ohne das ganze Messiaszeugs zu leben. Also mit Familie und so.

»Ich komm ja schon.«

Levi schleppte sich ins Bad und hatte keine Ahnung, was er an diesem Tag anziehen sollte.

»Ist Sina eigentlich schon da?«

»Die wartet unten.«

»Kannst du ihr bitte sagen, dass sie raufkommen soll.«

»Kann ich. Aber stell dich wenigstens vorher unter die Dusche, sonst ist sie schneller wieder weg, als du Jesus sagen kannst.« Levi fand dieses Wortspiel unheimlich witzig, musste aber feststellen, dass Levi noch nicht in dem Zustand war, diese Anspielung zu verstehen.

Levi kam in Jeans und T-Shirt am Ort des Geschehens an. Sina hatte gemeint, er solle einfach so wie immer auftreten. Fitus hätte ihm zwar viel lieber sein Boygroup-Outfit geliehen, aber hatte eingesehen, dass er sich aus diesen Fragen lieber raushalten sollte. Levi stand auf der Bühne und schaute in das riesige Tal hinunter. Wenn Louis recht behalten sollte, dann würde sich diese ganze Fläche in den nächsten Stunden mit Menschen füllen. Die ersten Kamerateams postierten sich schon in der Nähe der Bühne und ein paar Verpflegungsstände von wohltätigen Vereinen waren ebenfalls schon aufgebaut.

»Ich glaube ich kann das nicht«, stöhnte Levi und spürte, wie er ganz weiche Knie bekam.

»Natürlich kannst du«, sagte Louis und klopfte ihm auf die Schulter.

»Das sagst du so einfach. Stell du dich doch vor die halbe Welt und erzähl deine Lebensgeschichte.«

»Die will aber keiner hören, mein Lieber. Ich bin ja nicht der Messias.«

»Du schaffst das«, sagte nun auch Sina. »Stell dir einfach vor, du erzähl mir alles noch einmal.«

»Ich versuch's. Aber was kommt danach?«

»Wie meinst du das?«, fragten Louis und Fitus fast gleichzeitig.

»Nehmen wir mal an, die Leute glauben an meine Existenz und damit auch wieder an die von Gott. Was mache ich dann?«

»Hm«, brummelte Louis und wusste leider schon wieder keine Antwort. Fitus überlegte, wusste aber auch nicht so recht, was er sagen sollte. Nur Bastian war sich ziemlich sicher.

»Dann lebst du wieder dein Leben.«

»Echt jetzt?«

»Wenn die Leute kommen, um dich zu hören und glauben was du ihnen sagst, ist deine Mission erfüllt. Dann bist du der Beweis Gottes und der Glaube wird einen neuen Siegeszug antreten.«

»Cool«, rief Louis. »Dann wird's ja doch noch was mit Sangria und Ballermann.«

»Das würde ich lieber lassen«, entgegnete Bastian.

»Ja, ja, ich weiß«, winkte Louis ab. »Ein Messias macht so etwas nicht.«

»Erstens das und zweitens würde es auch in Zukunft nicht schaden ein bisschen Präsenz zu zeigen und hin und wieder eine gute Tat zu tun.«

»Aber nur ab und zu?«, fragte Levi noch einmal sicherheitshalber.

»Sag ich doch«, bestätigte Bastian.

»Dann gib alles«, sagte Louis und langsam aber sicher kamen die ersten Pilgerscharen. Levi verzog sich noch einmal hinter die kleine Bühne auf dem großen Berg, um sich etwas zu sammeln. Die anderen konnten sagen, was sie wollten. Er hatte die Hosen gestrichen voll und egal wie viel Beruhigungstropfen er einnahm, die Nervosität ging einfach nicht weg. Durch einen kleinen Riss in einer Plane konnte er das Treiben im ganzen Tal beobachten. Und das machte ihm wirklich Angst. Mittlerweile konnte er nur noch Menschen und kein Stückchen Wiese mehr sehen. Überall waren Kamerateams unterwegs, die zum Glück aufgrund einer ganz klaren Anweisung Bastians keinen Zutritt zum Backstagebereich hatten. In einem kleinen abgetrennten Bereich vor der Bühne versammelten sich nun auch die Kirchenvertreter und führten dem Anschein nach angeregte Diskussionen. Nicht weit davon konnte er Trude Schilling mit ihrem Sohn stehen sehen, den sie dazu genötigte hatte, schon Stunden vor der Veranstaltung mit ihr an diesen Berg zu fahren, um einen guten Platz zu bekommen. Selbst seine Eltern waren gekommen, um ihren Sohn zu sehen. Sie hatten ja erst in letzter Zeit ein weinig den Zugang zu seiner Mission gefunden. Mittlerweile hatte sich sein irdischer Vater auch damit abgefunden, nicht der Samenspender zu sein und konnte seiner Frau, die ja genauso wenig dazu konnte wie er selbst, nun endlich vollständig verzeihen. Bastian hatte sich irgendwann die Zeit genommen, Levis Vater die ganze Geschichte zu erzählen. Er sagte ihm sogar unter vorgehaltener Hand, dass die Operation „Unbefleckte Empfängnis" damals ordentlich schiefgegangen war, und eigentlich eine ganz andere Familie bestimmt war, Gottes zweiten Sohn großzuziehen. Das hatte ihm geholfen, irgendwann sogar den ein oder anderen Witz über die Sache machen zu können. Dass Bastian die Mission selbst verbockt hatte, erfuhr Levis Familie natürlich nie.

Dann war er plötzlich da. Der aufregendste und wichtigste Moment in Levis Leben. Leider klingelte auch kurz vor seinem Auftritt kein Wecker irgendwo, der ihn aus diesem Traum riss. Er musste also tatsächlich durch. Die aufmunternden Sprüche seines Teams nahm er schon gar nicht mehr wirklich war. Mit zittrigen Beinen machte er sich auf den Weg an sein Mikrofon. Er konnte fühlen, wie unzählige Augenpaare erwartungsvoll auf ihn gerichtet waren. Eigentlich hatte er schon beim mündlichen Abi Schiss, frei vor seinen Lehrern zu reden. Und jetzt so etwas. Er wusste selbst nicht, wie er es schaffte sich auf den Beinen zu halten, aber vielleicht hatte er ja auch etwas Hilfe von weiter oben. Letztendlich war es ihm aber egal. Er stand vor einer Menschenmenge, die er nicht einmal Ansatzweise schätzen konnte und ohne dass er etwas sagen musste, verstarb das angeregte Gemurmel völlig. Es was so still, dass Levi seinen eigenen Atem hören konnte. Einen Moment lang blieb er einfach stehen. Dann drehte er sich noch einmal in Sinas Richtung. Sie nickte ihm lächelnd zu und Levi atmete ein letztes Mal vor seinem Auftritt tief ein.

»Hallo, mein Name ist Levi.«

So einfach wie er begonnen hatte, erzählte er seine Geschichte von Anfang an. Natürlich gab es Lücken, aber ein bisschen Privatsphäre sollte ja sogar einem

Messias zustehen. Levi sprach von seinen Gefühlen und auch von den Momenten, in denen er hin und hergerissen war, zwischen Hoffnung und Verzweiflung. Levi berichtete von den vielen kleinen Dingen, die er erleben durfte und die halfen, diese Aufgabe anzunehmen. Auch wenn er es anfangs nicht für möglich gehalten hatte, war es doch ganz einfach. Das wurde ihm, während er redete, endlich bewusst. Er musste die Welt gar nicht retten. Er musste der Welt nur helfen, die Dinge wieder ein bisschen anders zu sehen. Vielleicht ein bisschen menschlicher oder auch nur ein wenig nachsichtiger. Was die Menschen anschließend mit Levis einfachen Worten anfingen, konnte er nicht beeinflussen. Aber Levi konnte im Laufe seiner Ansprache seinen Zuhörern etwas mitgeben. Egal ob sie direkt vor ihm standen, oder zu Haus vor dem Fernseher saßen. Jeder sah etwas anderes, dass aber am Ende alles auf dasselbe hinauslief.

Trude Schilling spürte schon zum zweiten Mal diese Wärme, die von Levi ausging. Für sie waren es seine Augen, die ihr dieses wohlige Gefühl verliehen, das sie aber nicht in Worte fassen konnte. Sie war so glücklich, dass ihr eine Träne die Wange hinunterkullerte, als sie Levi zuhörte.

Fitus dagegen konnte zum ersten Mal spüren, was er vorher nie fühlen konnte. Vielleicht weil er ein Engel war oder möglicherweise war es wirklich, wie

Sina sagte. Sie waren zu sehr mit einer rationalen Lösung ihrer Aufgabe beschäftigt, dass sie nicht fähig waren, den eigentlichen Glanz Levis zu sehen, für den die Augen alleine nicht reichten. Ohne das Herz, das in diesem Moment endlich Zeit hatte zu fühlen, ging es nicht.

Bastian wurde auf seine alten Tage noch einmal richtig sentimental und versuchte seine Rührung so leise wie möglich in unzählige Taschentücher zu schnäuzen.

Louis war so was von stolz auf seinen Kumpel und schämte sich im Nachhinein fast ein wenig dafür, ihn in der Vergangenheit genötigt zu haben, seine Gabe zweckentfremdet einzusetzen. Am Ende war er ja sogar fast ohne sie ans Ziel gekommen. An diesem Tag zählte nur Levi selbst und diese unvergleichliche Aura, die ihn umgab.

Irgendwo weiter hinten stand die Frau, die Levi fast K.O. geschlagen hätte, weil er ihrem Jungen geholfen und ein Eis spendiert hatte. Sie plagte das schlechte Gewissen und wollte sich unbedingt bei ihm entschuldigen. Sofern sich überhaupt noch die Gelegenheit dazu bieten würde.

Die Gruppe der Kirchenvertreter, die sich zwar nach einigen langen Diskussionen dazu bereit erklärt hatten, diese Veranstaltung zu unterstützen, war aber trotzdem mit gemischten Gefühlen angereist. Doch auch sie konnten fühlen, was unzählige andere auch fühlten. Levis Worte, die für sich genommen eigentlich nicht einmal etwas Besonderes waren, legten sich wie ein weicher Mantel um seine Zuhörer. Sie tauchten ein, in eine Welt voller Güte und Liebe, die zwar oft gepredigt wurde, aber niemals so deutlich spürbar war, wie an diesem Tag. Wieder einmal empfanden die Menschen alles ein wenig intensiver und schöner, als sie das sonst tun konnten. Plötzlich hatte man Zeit, einfach nur diesen Moment zu genießen, ohne daran denken zu müssen, welche Arbeit als nächstes anstand. Viele nahmen sich vor, ab jetzt im Alltag etwas hilfsbereiter zu sein, oder aber sich endlich für Benachteiligte einzusetzen, wie sie es immer schon tun wollten, aber die mangelnde Zeit als Ausrede vorschoben. Jeder konnte aus Levis Worten sein eigenes kleines Bild malen. Er machte die Menschen damit nur auf etwas aufmerksam, das schon immer in ihrem Besitz war. Nur konnten die meisten es nicht sehen, weil sie viel zu sehr mit sich selbst beschäftigt waren.

Nachdem Levi mit seiner Geschichte fertig war, herrschte für einen Moment Stille. Er wollte gerade anfangen sich Sorgen zu machen, ob er vielleicht doch alles falsch gemacht hatte, als die ersten zaghaft zu klatschen begannen. Es war nicht, weil sie nicht klatschen wollten, sondern weil sich die Menschen nur schwer wieder aus Levis Bann lösen konnten. Nach und nach ging das vorsichtige Klatschen in einen tosenden Beifallsturm über. Viele mussten sich zuerst die Freudentränen aus den Augen wischen, bevor sie ihre Begeisterung ausdrücken konnten.

Levi wusste nicht, wie er mit so viel Enthusiasmus umgehen sollte. Das war definitiv zu viel für ihn alleine und er winkte seinen Stab, der überglücklich hinter der Bühne wartete, zu sich her. Als Bastian ihm damals etwas holprig eröffnet hatte, was für eine Aufgabe auf ihn wartete, hätte er nicht einmal im Traum daran gedacht, dass es tatsächlich irgendwann so ausgehen würde. Er hatte seinen Teil getan. Er hoffte, dass seine Existenz auf der einen Seite die Menschen in eine bessere Welt führen könnte, auf der anderen Seite hatte er auch ein bisschen Angst. Es würde immer Menschen geben, die nicht wollen, dass die Welt sich bessert. Doch das konnte er nun nicht mehr beeinflussen. Natürlich würde es in dieser fortschrittlichen Welt niemals soweit kommen, dass trotz seiner Person aus Glauben Wissen werden könnte. Aber wenn schon der Glaube an sich dadurch wieder an Kraft gewinnen könnte, wäre das mehr, als Levi anfangs gehofft hatte.

Wie eine Rockband nach einem Konzert standen Levi und sein Stab vor der Menge und verbeugten sich. Levi bedankte sich ganz offiziell noch bei allen Beteiligten und sagte immer wieder, dass er ohne diese Hilfe niemals gewusst hätte, wie er mit sich selbst und allem was ihm von Gott gegeben wurde, hätte umgehen sollen.

Levi und seine Anhänger blieben noch in ihrem kleinen Zeltbau hinter der Bühne, bis die Menschenmassen wieder verschwunden waren. Es war endlich geschafft.

»Hier«, sagte Fitus zu Bastian und Louis. »Frischer Kaffee.«

Die drei schauten sich an, Fitus hielt den beiden zwei Tassen dampfenden Kaffee unter die Nase und hatte das erste Mal ein richtig natürliches Lachen auf den Lippen. Louis stockte kurz und brach dann zusammen mit Bastian in schallendes Gelächter aus.

»So viel Humor hätte ich dir gar nicht zugetraut«, sagte Louis, nachdem er sich wieder etwas beruhigt hatte.

»Den habt ihr euch verdient.«

»Warte kurz«, sagte Louis, stellte seinen Kaffe ab und verschwand für einen Moment im Freien.

»Was hat er vor?«, fragte Fitus.

»Keine Ahnung«, antwortete Bastian. »Sicher ist ihm wieder irgendein Blödsinn eingefallen.«

Bastian hatte kaum ausgeredet, da kam Louis leichtfüßig tänzelnd, mit einem großen Geschirrtuch als Rock um die Hüften gebunden, mit einer weiteren Tasse wieder herein.

»Du hast dir aber auch einen verdient.«

Levi hatte sich nach einer Weile mit Sina nach draußen verzogen. Die beiden machten es sich an einem kleinen Bach auf einem Stein gemütlich und Levi war noch nie in seinem Leben so erleichtert gewesen.

»Danke«, sagte er und schaute verträumt ins Wasser. Obwohl er Sina eine halbe Ewigkeit nicht gesehen hatte, wusste er instinktiv, dass er sein ganzes Leben unbewusst auf sie gewartet haben musste. Wenn das sein Weg war, um sie wieder zu treffen, dann war er dankbar, dass er ihn gehen durfte. Sina sagte gar nichts. Sie lehnte sich an ihn, gab ihm wie damals in der Grundschule, als er sie gerettet hatte einen Kuss auf die Wange und legte ihren Kopf an seine Schulter. Keiner der beiden wusste, was nach diesem Tag geschehen würde. Für sie zählte nur dieser Moment, nach einer langen Reise.

ENDE

Die kleinen Geschichten hinter den Geschichten.

Nachdem einige meiner Bücher jahrelang ausschließlich als E-Books in den Online-Shops vertreten waren, freue ich mich sehr, dass diese nun auch (wieder) in gedruckter Form im Buchhandel erhältlich sind. Aus diesem Grund möchte ich euch, liebe Leser, auch ein wenig am Hintergrund der Bücher teilhaben lassen. Natürlich nur, wenn ihr Lust dazu habt. Wenn ihr hier angekommen seid, habt ihr (hoffentlich) das Buch gelesen und mir damit eine große Freude gemacht, weil ihr mir dadurch ein wenig eurer Zeit geschenkt habt. Solltet ihr darüber hinaus auch noch Interesse an ein paar zusätzlichen Informationen zur Entstehung der Story haben, was das eine mit dem anderen Buch zu tun hat oder was für Aktionen damit stattgefunden haben, findet ihr immer am Ende der jeweiligen Geschichte (also genau hier) meine Gedanken dazu.

Viel Spaß damit....und vielen Dank fürs Lesen!

Jesus 2.0

Ich kann mich gar nicht mehr genau daran erinnern, was der Auslöser für diese Story war. Die Frage, wie es einem zweiten Jesus in unserer Zeit ergehen würde, stellte ich mir allerdings schön öfter. Da war dann der Gedanke nicht weit entfernt, dass die Reizüberflutung unserer Gesellschaft auch einen Sohn Gottes aus der Bahn werfen könnte. Vor allem, wenn dieser zuerst nicht die geringste Ahnung hat, was er eigentlich mit seinen außergewöhnlichen Fähigkeiten anstellen sollte. Die Idee eines planlosen Himmelmanagements mit teilweise recht unmotivierten Mitarbeitern und ein völliger Fehlschlag der unbefleckten Empfängnis rundeten das Grundgerüst dieser Geschichte ab.

Es machte auch hier unheimlichen Spaß, die Protagonisten auf lustige Weise durch ihr Leben zu führen, aber im Gegensatz zu den völlig unverfänglichen Handlungen der vorigen Bücher, ging es hier um ein Thema, das mit dem nötigen Respekt zu behandeln war. Daher versuchte ich auf ein würdiges und vor allem respektvolles Ende hinzuarbeiten. Was nicht ganz einfach war, wenn man bedenkt, dass ja eigentlich die Belustigung des Lesers (und natürlich auch von mir selbst) als oberstes Gebot auf dem Plan stand. Ich hoffe, es ist mir trotzdem gelungen.

Auch zu diesem Buch gab es immer mal wieder eine Anfrage für eine Lesung, aber für mich stellte sich immer wieder das gleiche Problem dar. Wie mache ich eine Lesung mit einem E-Book? Man kann bei einer Lesung kein physisches Buch verkaufen, geschweige denn signieren. Eine Widmung auf dem Reader ist auch nicht das Gelbe vom Ei und daher bin ich froh, die Bücher nun auch in Papierform anbieten zu können.

Das ursprüngliche Cover von Jesus 2.0 zeigte einen ziemlich böse dreinblickenden Zeitgenossen. Damit war ich nie wirklich zufrieden, ließ mich aber überzeugen es damit zu versuchen. Es sollte Leser mit schwarzem Humor ansprechen. Das hat leider nicht funktioniert und ich finde es ziemlich schade, dass die meiner Meinung nach beste Geschichte, die ich bisher geschrieben habe, so wenige Leser gefunden hat. Dem Cover ist auch die Szene, bei der über Levis Profilbild diskutiert wird, geschuldet. Je länger ich an dieser Geschichte schrieb, desto stärker fiel mir auf, was eigentlich für ein Druck auf Levi lasten muss. Trotzdem wollte ich auf der lustigen Seite bleiben und hoffe ihr seht mir nach, dass ich dadurch in manchen Dingen vielleicht etwas oberflächlich an die Sache rangegangen bin.

Das hier ist nun die letzte kleine Geschichte hinter der Geschichte, die ich für meine Neuauflagen schreibe, und blicke nun aufgeregt der Veröffentlichung entgegen. Wenn ihr das lest, hat das Wichtigste funktioniert. Jemand hat ein Buch von mir gekauft und (hoffentlich) auch gelesen. Vielen Dank liebe Leserinnen und Leser.

Euer
Thorsten Peter

Weitere Bücher von Thorsten Peter:

- Die Pubertät ist ein Arschloch
- LAURA ROCKT! – Ein Abenteuer zwischen Musik und erster Liebe
- LAURA ROCKT! – Sommercamp und Bandcontest
- HELTER SKELTER ON WHEELS
- Die Popcornschlange
- LUX – Das Tor nach Luminea

- Jesus 2.0
- Vollpfosten
- Vollpfosten – Undercover in St. Anton
- Vollschlank
- Die Lösung ist eine Männer-WG
- Deppen gibt es überall – Mein Geiselnehmer ist ein Vollidiot